Konstantin Sergienko

# Die Schlucht der freien Hunde

ARTEM Verlag

4. Auflage 2018



Übersetzung aus dem Russischen von Lars Nehrhoff
Die Originalausgabe erschien 1979 unter dem Titel:
„Do svidanija, ovrag“ Verlag „Detskaja literatura“, Moskau

Die Schlucht der freien Hunde
www.strassenhunde.eu

Illustrationen von Michael Blechmann
www.mibl.eu

Schlussredaktion von Ralph Henry Fischer
Layout von Artem Sergienko

Druck und Bindung in der EU
Druckhaus AJSp
Litauen
www.ajsp.lt

ISBN 978-3-943974-02-7

Papier aus verantwortungsvollen Quellen.

www.artem-verlag.de

Konstantin Sergienko

# Die Schlucht der freien Hunde

*Übersetzung aus dem Russischen von Lars Nehrhoff*

*Zeichnungen von Michael Blechmann*

Kapitel 1

# Unsere Schlucht

Der Sommer ist da. Die beste Zeit des Jahres! Im Winter ist das Leben einfach nur hart. Selbst wenn du auf der Straße was Essbares findest, ist es so durchgefroren, dass du dir daran die Zähne ausbeißt.

Außerdem ist im Winter nichts los. Da muss man schon dankbar sein, wenn die Kinder mal Schlitten fahren und für ein bisschen Abwechslung sorgen. Dann kann man hinter ihnen herlaufen, springen und bellen.

Einer von uns war mal zum Jagen im Wald. Dort sind so viele Spuren, dass das Hundeherz höher schlägt.

Aber das ist im Wald. Wenn bei uns in der Schlucht mal wer eine Spur hinterlässt, dann ist das irgendein Kater, den sowieso jeder kennt. Hier sind nur Menschenspuren, Vogeltapser und Langlaufloipen. Wenn über Nacht Neuschnee fällt, ist wenigstens alles sauber und weiß.

Im Sommer ist definitiv alles besser. Das Gras steht hoch, die Blumen lassen die Köpfchen wackeln und alles ist voller Gerüche. Die Nase hört gar nicht mehr auf zu jucken.

Unsere Schlucht ist schön, groß und unendlich weit. Wenn du sie einmal durchlaufen willst, ist das eine richtige Wanderung. Am Rand wachsen Sträucher und Bäume. Da leben die Krähen und Raben. Ihre Häuser sehen wie Körbe aus. Eine Hundehütte ist natürlich besser, aber nicht jeder Hund hat nun mal ein Zuhause.

Ich kenne hier jedes Erdloch. Durch die Schlucht fließt ein Bach. Im Sommer ist er fast ausgetrocknet, aber der

Boden ist feucht, und es gibt kleine Tümpel. Das Gras wächst hier bis zu den Ohren. Es gibt viele Mücken und die Frösche quaken vergnügt.

In der Schlucht liegt alles mögliche 'rum: alte Latschen und Fausthandschuhe, Autoreifen, Bälle und Bretter.

Smarty hat einen alten knautschigen Hut gefunden, den er sich gern auf den Kopf setzt. Und Krümel hat 'ne alte Obstkiste zum Schlafen. Die riecht noch immer nach Äpfeln, aber er träumt von Fleischklopsen.

Ich selbst hab' mal einen Goldring gefunden. Als ich an ihm gerochen hab', war mir gleich klar, dass das ein guter Mensch war, der ihn getragen hat. Ich weiß nur nicht, warum er ihn in die Schlucht gelegt hat.

Um die Schlucht herum stehen große weiße Häuser, hinter denen noch mehr Häuser stehen. Dort hupen die Autos und nachts erhebt sich ein Feuerschein.

Mit jedem Sommer wird unsere Schlucht kleiner. Diesen Frühling wurden schon wieder Unmengen Kies, Sand und Lehm abgeschüttet. Da soll noch ein Haus gebaut werden. Unsereins schimpft natürlich. Haben die sonst keinen Platz? Warum gerade in unserer Schlucht? Wo sollen wir Hunde denn hin?

Aber wer hört schon auf uns?

Besonders liebe ich unsere Schlucht nachts. Von ihrem tiefen Grund aus siehst du die Sterne am nachtschwarzen Himmel strahlen. Sie hängen sehr hoch. Du kannst noch so hoch springen, du kannst sie doch nie erreichen.

Wenn am Himmel der bleiche Mond steht, läuft dir ein Schauer über den Rücken und dein Fell sträubt sich. Und wenn du im Mondschein schläfst, hast du Träume, die deinem Herzen einen wohligen Stich versetzen.

Kapitel 2

# Freie Hunde

Wir alle sind freie Hunde. Früher war neben der Schlucht mal ein Dorf. Aber dann wurden die kleinen Häuser abgerissen und große gebaut. Die Menschen zogen weg, die Hunde blieben.

Unser Anführer ist Blacky, ein großer und kräftiger Hund. Alle hören auf ihn, nur ich halt mich raus. Ein paar Mal haben wir uns gefetzt, aber dann hat er eingesehen, dass ich auch scharfe Zähne hab', und mich in Ruhe gelassen.

Manchmal mach' ich was mit den anderen, manchmal bleib' ich allein. Als Blacky gemerkt hat, dass ich ihm seine Hunde nicht abwerben will, hat er sich damit abgefunden.

Früher hatte Blacky noch einen Kumpel, einen großen durchtriebenen Schwachkopf mit Spitznamen Schlagetot. Der wich Blacky nicht von der Seite und schlug beim kleinsten Anlass gleich zu. Mittlerweile ist Schlagetot tot, aber Blacky wird trotzdem von allen gefürchtet.

Einmal ist Smarty zu mir gekommen und hat gesagt:

„Stolzi, nimm mich in dein Rudel auf."

„Aber ich hab' gar kein Rudel", sagte ich ihm.

„Dann stell eins zusammen. Dacki und Hinki sind auch dabei."

„In der Schlucht ist kein Platz für zwei Rudel."

„Dann fordere Blacky zum Kampf. Er hat meinen Hut in den Dreck geworfen."

Smarty ist unser Neunmalklug, denn er kann lesen. Stundenlang glotzt er auf eine zerfledderte Zeitung und zieht dann die Silben zusammen: „Neu-es von der Feld-ar-beit".

Manchmal setzt er sich seinen Hut auf und macht ein kluges Gesicht.

„Warum setzt du dir diesen Hut auf, Smarty?", hat Blacky ihn einmal gefragt. „Willst du etwa ein Mensch sein?"

„Ich kann lesen wie ein Mensch", gab Smarty ihm stolz zur Antwort.

„Und ich kann beißen wie ein Hund!", sagte ihm Blacky daraufhin grimmig und versetzte ihm einen solchen Tritt, dass sein Hut die Böschung hinabsegelte.

„Ha-ha-ha", lachte Krümel.

Krümel lacht gern. Er ist ein verspieltes zotteliges Hündchen, dem immer ein Klümpchen Lehm an der Schnauze klebt. Krümel hat nie schlechte Laune und ist der Liebling der Kinder. Sie nehmen ihn auf den Arm und knuffen und kitzeln ihn dann. Und Krümel lacht dazu wie von Sinnen.

Krümel kichert und Dacki stößt tiefe Seufzer aus. Um den Hals trägt sie eine alte verschlissene Schleife, die sie nicht ablegen will, weil sie sie an ihre Vergangenheit erinnert. Dacki ist unsere Ex-Dackeldiva.

Als sie das erste Mal bei uns in der Schlucht aufgekreuzt ist, hat sie alle gesiezt. Aber Blacky hat ihr diese Macke schnell ausgetrieben. Blacky sagt, dass ein Hund wie ein Hund sein muss. Deshalb ist ihm auch gar nicht recht, dass Yamomoto, der Kater, mein Freund ist.

Eigentlich ist so ein Kater ja wirklich kein passender Freund für einen Hund. Aber Yamomoto ist nun mal klüger als wir alle zusammen. Er ist der Kaiser von Japan, und das wissen alle. Yamomoto sagt, dass der Kaiser noch mehr Macht hat als Blacky.

Yamomoto spricht unsere Sprache echt gut. Wir beide

sitzen oft in der Sonne und plaudern.

„Schämst du dich nicht, mit Katern zu reden?", fragt Blacky mich dann.

„Das geht dich nichts an“, zischt Yamomoto.

Und dann stürzt Blacky sich auf ihn, aber Yamomoto sitzt schon auf dem Baum.

„Ich werd' dir deine Visage noch blutig kratzen“, faucht er.

Blacky knurrt drohend. Ich seh' mir das Schauspiel an und misch' mich nicht ein. Yamomoto weiß sich allein zu verteidigen. Alle anderen haben schon aufgehört, ihn zu jagen. Nur Blacky kann es nicht lassen.

Mit Yamomoto spreche ich über alles. Über das Essen, das Wetter und Japan. Hinki hört auch gerne zu. Er humpelt herbei und sitzt einfach da. Er hört zu, wischt sich die feuchte Nase mit seiner Pfote ab und gibt manchmal brummelnde Laute von sich.

„Wie bitte, was?“, fragt Yamomoto.

„Also dieser, wie heißt er noch gleich...“, sagt Hinki heiser, aber dann spricht er doch nicht weiter. Er bleibt noch kurz sitzen und zieht dann von dannen. Hinki ist ziemlich wortkarg. Wenn er mal mehr als zwei Wörter am Stück sagt, ist das ein großes Ereignis.

Blacky hat mich schon oft für sein Rudel gewinnen wollen.

„Ich mache dich zu meiner rechten Pfote“, sagt er.

Aber das ist nichts für mich. Blacky ist nicht der richtige Anführer. Wenn ich mir einen Anführer aussuchen könnte, würde ich einen anderen nehmen. Ich hab mir auch schon einen ausgeguckt. Aber er hat nicht vier Beine wie wir, sondern nur zwei. Er hat keinen Schwanz und seine Vorderpfoten werden „Arme“ genannt. Er ist ein Mensch, und Blacky hasst Menschen.

Kapitel 3

# Mein Mensch

Bei den Menschen gibt es Erwachsene und Kinder. Kinder sind kleine Menschen. Kinder sind fröhlich und tun dir nichts Böses. Bei den Erwachsenen gibt es Gute und Böse. Mein Mensch ist der Beste.

Vor langer Zeit hatte auch Blacky einmal seinen Menschen. Der hat ihn an die Kette gelegt und immer geprügelt. Als das Dorf abgerissen wurde, hat sich der Mensch in sein Auto gesetzt und ist weggefahren. Blacky ist ihm hinterhergelaufen.

Da hat das Auto angehalten und der Mensch ist ausgestiegen, um Blacky fortzujagen. Aber Blacky ist immer weiter gelaufen. Da hat der Mensch ihn geprügelt. Blacky fiel hin und das Auto fuhr weg. Seitdem hasst Blacky die Menschen.

Meinen Menschen habe ich nachts getroffen. Das war im Winter. Ich hatte Schmerzen an meiner Pfote. An einer Stelle kam Dampf durch den Asphalt und der Schnee war geschmolzen. Da hab' ich mich hingelegt, um meine Pfote an dem großen Eisendeckel zu wärmen.

Mein Mensch kam mit wehendem Mantel vorbei, wedelte wild mit der Hand und sprach mit sich selbst. Als er auf meiner Höhe war, stolperte er und hockte sich neben mich.

„Sei gegrüßt, werter Freund“, sagte er. „Wie geht's dir denn so?“

Ich wusste sofort, dass ich nicht weglaufen musste. Das war ein guter Mensch, der mir nichts antun würde. Ich zeigte ihm meine Pfote.

„Das sieht ja gar nicht gut aus", sagte er. „Aber das wird schon wieder. Komm mit mir mit."

Und ich ging mit ihm mit. Im Treppenhaus suchte er lange nach seinem Schlüssel und bat flüsternd, so leise wie möglich zu sein. So war ich das erste Mal in einer der großen Hundehütten – so nennt Dacki die weißen Häuser.

In der Dunkelheit machte ich eine ungeschickte Bewegung und bin irgendwo hängengeblieben, aber der Mensch öffnete schnell seine Wohnungstür und ließ mich herein.

„Also los", sagte er. „Jetzt machen wir dich wieder gesund. Aber vorher isst du dich erst einmal anständig satt."

Er gab mir eine leckere Wurst zu fressen und kümmerte sich dann um mein Bein. Geheilt zu werden, ist wirklich sehr angenehm. Es tut ein bisschen weh, aber dafür weißt du, dass es dir bald wieder besser geht. Mein Mensch kann wirklich gut heilen.

In seinem Zimmer standen allerlei Papptafeln und Bretter herum, die ziemlich scharf rochen. Er setzte sich vor eines der Bretter und nahm ein paar dünne Stäbchen zur Hand.

„Das sind Pinsel", erklärte er. „Ruh dich aus, werter Freund. Ich werd' derweil arbeiten."

Er berührte lange mit seinen Stäbchen das Brettchen. Von Zeit zu Zeit trat er ein paar Schritte zurück und betrachtete das Ergebnis.

„Na, werter Freund, ist das nicht schön?", fragte er.

Ich trat an das Brett heran, um es zu beschnüffeln.

„Wirklich schade, dass Hunde mit Farben nichts anfangen können", sagte mein Mensch.

Ich fuhr mit der Nase über das Brett. Es roch wirklich sehr schön. Der Geruch perlte wie kleine Kügelchen, floss in einem Strom zusammen und lief dann zu einer Welle auf. Ich war ganz durcheinander und zerkratzte mit meiner Pfote den Boden.

Dann setzte mein Mensch sich wieder vor sein Brettchen und berührte es mit seinen Stäbchen. Ich döste derweil in der Ecke.

Schließlich stand er auf, betastete meine verbundene Pfote und sagte:

„Nun, werter Freund, ist es Zeit, auseinander zu gehen. Du bist geheilt und gefüttert. Mehr kann ich momentan nicht für dich tun. Warten wir einfach auf bessere Zeiten."

Ich verstand alles. Er konnte mich nicht behalten. Ich stand auf und ging auf die Straße. Er ging noch ein Stückchen mit durch den Morgenfrost. Es wurde schon hell. Unter unseren Füßen knirschte der Schnee.

„Auf Wiedersehen, mein Lieber", sagte er. „Du kannst auf mich zählen. Ich würde dich wirklich gern bei mir aufnehmen."

Ich streckte ihm meine Pfote hin. Er schlug sich den Mantelkragen hoch und ging davon.

Ich sehe meinen Menschen oft. Dann laufe ich neben ihm her, aber ich lade mich nie zu Besuch ein. Er erkennt mich immer, streichelt und hätschelt mich. Er nennt mich „Mein werter Freund" und fragt, wie es geht.

Ich wedle fröhlich mit meinem Schwanz und laufe neben ihm her. In diesen Minuten schlägt mein Herz höher vor Glück. Wie schön es doch ist, seinen Menschen zu haben! Dann ist dein Leben ein Märchen.

Kapitel 4

# Unsere Sorgen und Nöte

Als freier Hund hat man immer zu tun. Morgens muss man in aller Frühe durch die Schlucht patrouillieren und gucken, was alles passiert ist. Jeder Hund hat seinen Winkel, den er besser kennt als alle anderen. Und wenn du zum Rudel gehörst, musst du danach zum Rapport.

Blacky hockt für gewöhnlich hinter dem Wilden Strauch und nimmt die Berichte entgegen.

Dacki kommt angelaufen und meldet, dass bei ihr im Graben eine Blechbüchse liegt.

„Verrostet?“, fragt Blacky.

„Ja, völlig durchgerostet und mit zwei Löchern.“

Blacky überlegt kurz und sagt:

„Also gut, lass sie liegen.“

Smarty berichtet, dass bei ihm auf dem Hügel jemand ein Buch liegen gelassen hat.

„Eins über Hunde?“, fragt Blacky.

„Nein, über Menschen.“

„Dann reiß es in Stücke“, befiehlt Blacky, obwohl er weiß, dass Smarty das Buch nicht zerreißen, sondern sorgsam verstecken wird.

Bei Hinki hat nachts jemand ein Lagerfeuer gemacht und dabei unseren Kratzbaum zerstört.

„Wenn ich den in die Finger krieg', der das gemacht hat, werd' ich ihm seine Hose zerfetzen!“, droht Blacky.

Krümel meldet, dass alles beim Alten ist.

„Was soll das heißen: Alles beim Alten?“, fragt Blacky. „Hier hat jeder was zu berichten und nur bei dir ist alles beim Alten? Hast du auch alles gut abgesucht?“

Krümel bejaht.

„Und was ist das bitteschön?“, fragt Blacky drohend und wirft Krümel einen Zweig vor die Nase.

„Den hab' ich in deinem Loch abgebissen, um dich auf die Probe zu stellen, aber du hast's verpennt.“

Krümel hibbelt herum und kichert nervös.

„Es ist immer das Gleiche“, schimpft Blacky an mich gewandt. „Sie haben von nichts eine Ahnung. Du könntest ihnen die ganze Schlucht zuschütten und sie würden nichts mitbekommen.“

Nach dem Kontrollgang muss man die Kinder zur Schule begleiten. Sie kommen fröhlich plappernd vorbei, und wir gehen mit, kläffen aus vollem Hals und wedeln mit unseren Schwänzen. Wirklich schade, dass die Schule im Sommer dichtmacht. Viele Kinder fahren dann weg. Dafür verbringen die anderen ganze Tage in unserer Schlucht. Sie spielen Verstecken, machen Lagerfeuer und graben sich Höhlen.

All das muss beaufsichtigt werden. Egal was gespielt wird, wir sind immer dabei. Wenn plötzlich ein böser Mensch auftaucht, kläffen wir wie die Wahnsinnigen und stellen uns ihm in den Weg.

Die ganz Kleinen lassen wir auf unserem Rücken reiten, den Größeren bringen wir Mäuse und andere Beute. Wenn du die Kinder den ganzen Tag unterhalten hast, bist du am Abend geschafft. Unser Leben ist wirklich nicht leicht.

Und ich will gar nicht erst davon anfangen, dass man ja auch noch was fressen muss. Natürlich bringen unsere kleinen Freunde uns manchmal was mit. Ein Stück Fleisch oder Wurst. Aber alle Mäuler kriegst du so auch nicht satt.

Wir nehmen, was immer wir kriegen können. Wir sind den ganzen Tag auf den Beinen und suchen. Und dabei sind wir nicht zimperlich.

Blacky hat von uns allen den größten Mut. Ich war selbst mehrmals Zeuge, wie er erwachsenen Menschen Essen weggenommen hat. Abends legt er sich an der Bushaltestelle auf die Lauer, um Frauen die Taschen zu klauen.

Blacky weiß schon von Weitem, was in einer Tasche ist. Wenn da nur Brot ist, kommt er gar nicht erst aus seinem Busch raus. Wenn er aber Wurst oder Fleisch wittert, lässt er nicht locker, bevor er sie hat.

Ich habe Blacky schon oft gesagt, dass das böse enden wird. Aber er denkt gar nicht dran, es zu lassen.

„Ich werde es ihnen noch zeigen“, sagt Blacky und knurrt.

Zum Glück ist er klug genug, die Männer in Frieden zu lassen. Die geben ihr Essen nicht einfach so aus der Hand. Die schlagen dich lieber tot, als etwas wegzugeben.

Am sattesten lebt bei uns Hinki. Er geht in der Eisenbahn betteln. Er klettert in den Zug und schleicht mit seiner traurigen Gestalt durch die Wagen. Die Leute werfen ihm alles Mögliche hin. So wird Hinki selbst immer satt und bringt noch was für Blacky mit, der es dann unter den anderen verteilt.

Die Futtersuche, die Unterhaltung unserer kleinen Freunde und die Schlucht halten uns ständig auf Trab. Und wenn es dunkel wird, bricht die Stunde der Nachtwache an.

## Kapitel 5
# Nachtwache

„Angetreten in Reih und Glied", kommandiert Blacky leise. „Nase hoch! Abmarsch!"

Schattengleich gleiten wir an den schlafenden Häusern vorbei. Die Nasen jucken. Das Suchfieber hat uns gepackt. Die Nachtwache ist für den Hund eine Feierstunde.

Schon am Tag gibt es viele Gerüche, aber nachts kannst du in ihnen ertrinken. Der Himmel duftet, der Mondschein duftet, und selbst die Dunkelheit verströmt ein Aroma, in dem die Gerüche wie Nachtfalter schwirren. Man möchte einen jeden von ihnen erhaschen und auf der Nasenspitze balancieren wie einen Ball.

Die ganze Welt steckt voller Düfte. Hier ist eine Spur,

dort eine andere. Hier ist jemand gelaufen, dort ein anderer herumspaziert und da ist ein Kater geschlichen. Hier ist ein Autoreifen vorbeigerollt, da haben sich zwei Jungs auf dem Boden geprügelt, und dort ist ein Ball rumgetitscht. Hier ist ein Brot auf den Boden gefallen und unter dem Stein dort sprießt Gras. Von all dem künden Gerüche.

Aber besonders viele Gerüche gibt es bei uns in der Schlucht. Sie ist eine riesige Schüssel randvoll mit Düften. Sie erschlägt dich mit Düften. Die Blumen haben ihre Kelche geöffnet und locken nächtliche Falter. Es gibt so viele verschiedene Düfte – honigsüße, bittere, zarte. Und einem jeden von diesen Gerüchen muss man nachgehen, um zu verstehen, woher er kommt.

Während der Nachtwache suchen wir die Hundepforte. Ein jeder Hund träumt davon, sie zu finden. Ich habe schon viel von der Pforte erzählen gehört. Die Hundepforte ist kleiner als eine Perle. Du kannst sie nur finden, wenn du direkt mit der Nase drauf stößt. Aber wenn du sie erst mal gefunden hast, wird sie so groß, dass jeder Hund durch sie durchpasst.

Hinter der Pforte wartet ein ganz anderes Leben. Es gibt wilde Tiere zu jagen und man wird immer satt. Du bist von Wiesen und Feldern umgeben und allein die Hunde haben das Sagen.

Pforte, Pforte, lasse dich finden! Pforte, Pforte, ich will mich nicht mehr schinden!

Wenn es in unserer Schlucht eine Hundepforte gibt, werde ich sie ganz sicher finden. Und wann sollte man die Pforte suchen, wenn nicht nachts. Nachts ruht die Schlucht. Nachts stört kein Autolärm und kein Schutt wird abgeschüttet. Nachts ist die Schlucht wie ein Zauberland.

Über dir ist nur der unendliche Himmel und der große milchige Spiegel.

In diesen Spiegel kann man immerzu schauen. Was du dort siehst, ist dir nah und doch fern. Man wird richtig traurig und möchte singen. Man will sich sein Leid von der Seele singen oder einfach nur etwas erzählen.

Und dann legt Krümel los. Er setzt sich hin, reckt sein spitzes Schnäuzchen zum Mond und stimmt mit zarter Stimme sein Lied an:

*Ich bin Krümmel, der kleine Hundelümmel.*
*Ich leb so vor mich hin,*
*weil ich am Leben bin.*

Nach und nach stimmen auch alle anderen ein:

*Ich bin Dacki,*
*ich war mal reich und schön.*
*Ach könnt ' ich nur noch einmal*
*meine Kinder seh'n.*

In diesen Momenten denkt Dacki immer an ihre Welpen.

*Ich bin Smarty,*
*gebildet und smart,*
*Ich singe schöne Lieder,*
*dann ist es nicht so hart!*

Und dann fängt auch Hinki zu winseln an:

*Geben Sie Hinki, geben Sie Hinki,*
*geben Sie Hinki ein Stückchen Mond!*

Und schließlich streckt auch Blacky seinen Hals zum Mond und schreit mit funkelnden Augen sein Lied in die Nacht:

*Ich bin Blacky:*
*Bleibt, wo ihr seid!*
*Ich will kein Mitleid!*
*Schwarze Seele, schwarzes Fell.*
*Stürzt euch auf sie mit Gebell.*

Kapitel 6

# Die Unfreien

Außer uns gibt es in der Schlucht noch die Unfreien, die von den Menschen ausgeführt werden. Das sind ganz andere Hunde als wir.

Im Unterschied zu uns tragen die Unfreien ein Halsband.

Einmal hab ich einer Bulldogge, mit der ich flüchtig bekannt war, gesagt:

„Nie im Leben würde ich mir ein Halsband anlegen lassen."

„Du hast ja auch keine Hundemarke", bekam ich zur Antwort. „Das Halsband trägt man doch nur, um seine Marke zu zeigen."

„Was du nicht sagst", sagte ich. „Dafür weiß ich, wo ein Goldring liegt!"

„Ich habe viele Marken und Orden. Hör mal, wie schön die klimpern. Ich bin nämlich Rassehund."

„Der Ring ist sehr schön", sagte ich.

„Mein Mensch hat auch einen Orden. Er ist nämlich Rassemensch. Die beste Rasse von allen!"

„Die beste Rasse von allen, das ist der Pudel", mischte sich Smarty neunmalklug ein.

„Dann ist mein Mensch Pudel."

„Aber vielleicht ist der Pinscher noch besser. Oder die Töle?"

„Mein Mensch ist 'ne Pinschertöle."

Fast alle Unfreien nehmen sich unendlich wichtig. Sie grüßen nur selten und halten sich für 'was Besseres. Außerdem sind sie allesamt Angeber.

„Mein Mensch ist größer als die Bude dahinten."

„Mein Mensch kann schneller laufen als du."

„Mein Mensch hat 'nen Stock und wird dir Manieren beibringen."

„Mein Mensch hat scharfe Zähne und kann dich zerbeißen."

Der Lächerlichste von allen Unfreien ist der Balkonkläffer. Das ist so eine kleine Töle, die ich noch nie auf der Straße gesehen hab', weil sie immer nur auf den Balkon darf.

So einen Streithansel habt ihr noch nicht gesehen. Der Balkonkläffer steckt seine Schnauze durchs Gitter und schimpft wie ein Kesselflicker:

„Klettert ja nicht auf meinen Balkon!“

„Raubt mir bloß nicht die Wohnung aus!“

„Untersteht euch, mich anzuspucken!“

„Ich beiß' euch alle, alle! Ich reiß' euch in Stücke!“

Einmal hab' ich ihm gesagt:

„Hey du, alter Schwätzer, komm doch runter und lass uns reden. Dann räum' ich dir deine Wohnung aus, klettere auf deinen Balkon und spuck' dir auf die Nase.“

Da ist der Balkonkläffer endgültig ausgerastet. Er hat sich in die Gitterstäbe verbissen und mich ganz vollgesabbert.

„Ich zer-r-reiße, zer-r-pflücke, zer-r-stör-r-re dich!“

Dabei ist er noch nicht mal 'ne halbe Portion. Manchmal schämt man sich wirklich, ein Hund zu sein.

Der eine oder andere von uns beneidet allerdings die Unfreien. Man kann ja auch sagen, was man will, immerhin haben sie stets satt zu essen. Sie leben im Warmen und sind versorgt. Blacky kann die Unfreien nicht leiden und pöbelt sie an.

Was mich selbst betrifft, habe ich keine Ahnung, wie man den ganzen Tag auf dem Balkon 'rumsitzen kann wie unser Schimpfhannes. Ich mag meine Freiheit. Und ich habe ja auch meinen Menschen – wie jeder Unfreie. Wir sehen uns zwar nicht oft, aber ich werde ihm mein Leben lang treu sein.

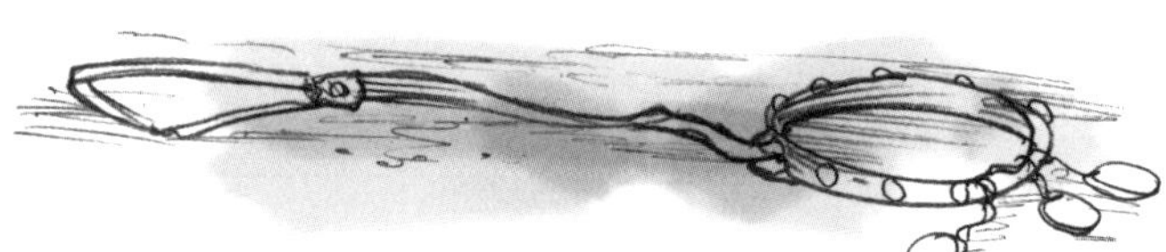

Kapitel 7

# Zuwachs

Der Sommer nahm seinen Lauf. Die Tage des frischen Grases lagen schon hinter uns und es kam die Zeit der Pusteblume. Das ist so eine weiße Blume, deren Puschel auseinander fliegen, wenn man drauf pustet. Wenn ein Hund spielen will, läuft er hinter so einem Puschel her und balanciert ihn auf seiner Nase.

Eines Morgens stieg ein Mensch mit zwei Hunden aus dem Bus. Die Hunde ließ er zurück, er selbst fuhr davon.

Die Hunde sahen einander sehr ähnlich. Zwei niedliche kleine Köter mit langen Schnauzen und spitzen Ohren.

Ein Bus nach dem anderen traf ein, doch der Mann kam nicht wieder. Die Hunde blickten erwartungsvoll jedem Bus nach. Man schickte sie weg, doch sie ließen sich nicht verjagen.

„Hast du das gesehen?“, fragte mich Blacky. „Sieht aus, als würden wir Zuwachs bekommen.“

Er schlich um die beiden kleinen Köter herum, scharrte verächtlich über den Asphalt und hob schließlich das Bein, um sein Revier zu markieren. Die Neuen sollten gleich wissen, wer hier der Boss ist.

Die beiden Hündchen waren völlig verängstigt und rückten noch enger zusammen.

„Hey, ihr da! Was habt ihr zwei Hübschen denn hier zu suchen?“ fragte Blacky drohend.

„Wir warten“, brachten die beiden ängstlich hervor.

„Und auf wen wartet ihr?“

„Auf unseren Menschen."
„Und wo ist euer Mensch?"
„Der kommt bald wieder."
„Aber ihr wisst schon, dass das hier unser Platz ist?"
„Nein, das wissen wir nicht", antworteten die beiden kaum hörbar.

Nach und nach kamen Krümel, Smarty, Hinki und Dacki gelaufen, um die Neuen kritisch zu mustern.

„Seht euch die beiden da an", sagte Blacky. „Die warten auf ihren Menschen. Heute Morgen hat er sie abgeladen und jetzt ist schon Abend. Aber die beiden da glauben immer noch, dass er zurückkommt."

„Ha-ha-ha!", kicherte Krümel.

„Wenn das am Morgen war, kommt er sicher nicht wieder“, schloss Smarty messerscharf.

„Ich wurde auch so gebracht und verstoßen“, sagte traurig die Ex-Dackeldiva und richtete sich ihre Schleife.

„Habt ihr gehört?“, sagte Blacky, an die Neuen gewandt. „Habt ihr auch Namen?“

„Bobik und Tobik“, antworteten sie.

„Was sind das denn für Namen?!“ Blacky verzog verächtlich die Schnauze. „Bobik und Tobik! Schämt ihr euch nicht, auf solche komischen Namen zu hören?“

„Ha-ha-ha.“ Krümel konnte sich gar nicht mehr einkriegen.

„Von jetzt an seid ihr einfach die Neuen“, sagte Blacky. „Also kommt her!“

„Wir bleiben hier“, gaben die beiden zitternd zur Antwort.

„Ihr kommt nicht mit?“, fragte Blacky verdutzt. „Ihr wagt es, zu widersprechen?“

„Wir gehorchen nur unserem Menschen“, erklärten die beiden.

„Von heute an hört ihr auf mich“, knurrte Blacky. „Euer Mensch hat euch ausgesetzt. Den seht ihr nie wieder.“

„Das glauben wir nicht“, antworteten die beiden Hündchen.

„Ihr wisst wohl nicht, wer hier der Boss ist“, sagte Blacky und fletschte die Zähne.

„Nein, wissen wir nicht“, antworteten die beiden Hündchen verängstigt, aber bestimmt.

„Dann werd' ich euch das eben beibringen“, sagte Blacky finster und tat ein paar Schritte in ihre Richtung.

Die anderen zogen den Kreis enger. Für solch eine Truppe war es ein Leichtes, den beiden jungen Hündchen eine gehörige Abreibung zu verpassen.

„Rühr sie nicht an, Blacky!“, mischte ich mich schließlich ein.

„Halt dich da raus, Stolzi!“, entgegnete dieser.

„Rühr sie nicht an!“, sagte ich noch einmal. „Lass sie doch einfach noch warten. Sie werden schon früh genug selbst darauf kommen, dass ihr Mensch nicht zurückkommt. Dann werden sie selber um Aufnahme bitten.“

„Die Kleinen sind ja so putzig“, sagte Dacki.

„Sie kommen von selbst!“, sagte ich noch mal, bereit, mich notfalls zu schlagen.

„Ist ja schon gut“, gab Blacky schließlich klein bei. Er spürte, wie die Wut in mir hochstieg. „Sollen sie doch von selbst angekrochen kommen.“

Natürlich wollte er den beiden Knirpsen gleich zeigen, wo's langgeht. Aber einen unnötigen Streit mit mir wollte er auch nicht riskieren. Immerhin respektierte mich Blacky und hoffte noch immer darauf, mich irgendwann zu seiner rechten Pfote machen zu können.

So kamen also zwei Neue in unsere Schlucht. Und weil uns nichts Besseres einfiel, haben wir sie einfach „die Neuen“ genannt. In der ersten Zeit ließen sie die Bushaltestelle nicht aus den Augen und schwärmten in einem fort von ihrem Menschen. Sie wollten einfach nicht glauben, dass er ein Betrüger war.

Kapitel 8

# Zu Gast bei Yamomoto

Es gibt Tage, an denen der Himmel am feuchten Fieber erkrankt. Dann verliert er kleine Tropfen und die Menschen laufen mit großen Eierschalen über dem Kopf durch die Gegend.

Mein alter Freund Yamomoto hat mich schon lange zu sich nach Hause eingeladen.

„Schau doch mal rein, wenn sonst keiner da ist“, sagte er. „Das Fenster steht immer offen. Spring einfach rein.“

An nassen Tagen tut es gut, sich irgendwo aufwärmen und trocknen zu können. Also beschloss ich, Yamomoto einen Besuch abzustatten.

Yamomoto erwartete mich schon auf dem Fensterbrett. Seine Wohnung lag praktischerweise im Erdgeschoss.

Ich nahm Anlauf und sprang. Es war ziemlich hoch, doch ich schaffte es mit einem Satz in die Wohnung.

Es kommt nicht oft vor, dass unsereins da ist, wo Kater und Menschen wohnen. Bei der Landung rutschte ich auf dem glatten Parkett aus und hinterließ einen ziemlichen Kratzer.

„Willkommen in meiner Hütte“, begrüßte mich Yamomoto. Er setzte gleich eine wichtige Miene auf. Dann setzte er sich zwei Gläser vor die Augen, wie die Menschen sie tragen, und führte mich durch die Wohnung.

„Badezimmer“, sagte er, „Toilette, Wohnzimmer...“.

Das waren Wörter, die ich noch nie zuvor in meinem Leben gehört hatte.

Dann nahm Yamomoto im Sessel Platz, schlug ein großes Buch auf und las mir 'was über Japan vor.

„Japan ist ein riesiges Land“, begann er, „in dem viele Mäuse leben, die den Katern Untertan sind. Der Anführer von Japan ist Kaiser Yamomoto.“

Yamomoto warf mir über seine Gläser hinweg einen Blick zu und sagte:

„Wenn du's nicht glaubst, lies einfach selbst.“

Er nötigte mich, mir die komischen Kringel in dem Buch anzuschauen, und las dann noch lange von den Schönheiten Japans und den Heldentaten Yamomotos.

„Wo ist eigentlich dieses Japan?“, fragte ich.

„Sehr weit weg. Jenseits der Straße, hinter der Schlucht und dann noch weiter.“

„Ja, das ist weit“, stimmte ich zu.

Wie klug mein Freund Yamomoto doch ist. Smarty kann mit Hängen und Würgen gerade mal ein paar Silben zusammenziehen, aber Yamomoto liest völlig mühelos. Er spricht alle Sprachen, und wenn er seine Gläser anzieht, sieht er noch tausendmal klüger aus.

Dann machte sich Yamomoto an die Bewirtung.

„Tee oder Kaffee?“, fragte er.

Ich lehnte ab.

„Oder vielleicht ein Ründchen Baldrian?“

Ich lehnte wieder ab. Dann kramte Yamomoto feierlich ein Stück Wurst hervor und legte es mir ohne viele Worte direkt vor die Nase. Er verstand wirklich was von guter Bewirtung.

Während ich mir die Wurst schmecken ließ, redete Yamomoto ohne Unterlass:

„Meine Hausleute stören mich nicht. Wenn ich mal alleine sein will, bitte ich sie, einen Spaziergang zu machen. Heute zum Beispiel habe ich ihnen gesagt, dass ich Besuch bekomme, und sie sind weggegangen. Wirklich sehr nette Leute. Sie machen die Wäsche, putzen und kochen. Das habe ich mit ihnen ein für allemal geklärt, dass ich für solche Sachen keine Zeit habe. Also lassen sie mich damit in Ruhe. Ich schlafe, wann immer ich will, esse, was immer ich will, und gehe spazieren, wo es mir passt.“

Yamomoto redete immer weiter und ich aß die Wurst auf. Da hörten wir plötzlich die Wohnungstür knarzen. Die Hausherren waren zurück. Yamomoto zuckte zusammen und verstummte mitten im Satz.

„Versteck dich!“

Aber wo sollte ich hin? Rausspringen ging nicht. Dafür war der Anlauf zu kurz.

„Marsch unters Sofa!“, zischte Yamomoto.

Aber es war schon zu spät. In der Zimmertür erschienen die Hausherren. Einen Moment lang standen sie da wie angewurzelt. Ich stürzte durchs Zimmer, um Anlauf zu nehmen, riss dabei einen Blumentopf um und sprang aus dem Fenster. Mir hinterher flog ein struppiges Wollknäuel. Das war Yamomoto. Und ihm hinterher flogen wütende Stimmen.

Erst in der Nähe der Schlucht wagten wir, etwas Luft zu holen.

„Siehst du, wie höflich und freundlich sie sind“, sagte Yamomoto ganz außer Atem. „Andere hätten dich einfach gepackt und beim Abdecker abgeliefert.“

„Ja, sie sind wirklich sehr freundlich“, stimmte ich zu.

„Sie wissen, was sich gehört“, sagte Yamomoto. „Wenn ich Besuch habe, machen sie keinen Mucks.“

Ich stimmte zu. Schließlich gibt es viel bösere Hausherren. Diese hier waren durchaus in Ordnung. Sie hatten uns weder verfolgt noch mit Steinen beworfen. Yamomoto konnte sich glücklich schätzen, bei ihnen wohnen zu dürfen.

Kapitel 9

# Gut gemacht, du kriegst 'ne Eins

Natürlich kann Smarty nicht halb so gut lesen wie Yamomoto. Aber er kann es. Und warum kann er das? Ganz einfach: Er hat eine Schule besucht, und das volle zwei Jahre lang! Eine richtige Menschenschule. Auf der anderen Seite der Schlucht.

Smarty hat damals bei einem Schulmeister gewohnt, der ihn bei den Kindern mitlernen ließ. Da hat Smarty echt Glück gehabt. Einmal habe ich ihm gesagt:

„Du hast es gut, Smarty. Aber wenn ich zwei Jahre lang 'was gelernt hätte, würde ich auch die anderen an meinem Glück teilhaben lassen. Gib uns Unterricht, Smarty."

Smarty tat schrecklich wichtig.

„Das verstehst du nicht", erklärte er. „Unterricht gibt man in Schulen. Und wo, bitte schön, soll ich euch unterrichten?"

„Unterrichte uns hier in der Schlucht."

„Das geht aber nicht ohne Tafel."

Eine Tafel fanden wir schnell. Auf der Baustelle lagen jede Menge Bretter herum. Wir suchten uns eins und brachten es her. Smarty begutachtete es kritisch mit seiner Pfote.

„Also, ihr müsst euch so setzen", sagte er. „Oder doch besser so. Krümel, hör auf zu kichern. Dacki, setz du dich da hin. Oder doch besser dort hin."

Es dauerte ewig, bis er jedem seinen Platz zugewiesen hatte. Dann verzog er sich kurz ins Gebüsch, um den Hut aufzusetzen.

„Guten Tag, Kinder“, sagte Smarty gewichtig.

Krümel kicherte kurz.

„Krümel, geh an die Tafel und trag die Lektion vor!“

Krümel verstand nicht.

„Was ist denn das – eine Lektion?“, fragte ich.

„Das ist so eine Sache, die man erzählen muss“, erklärte Smarty.

„Und was soll ich erzählen?“, kicherte Krümelchen wieder.

„Erzähl, was du willst, und ich geb' dir dafür eine Note.“

Krümel reckte sein Schnäuzchen zum Himmel und dachte angestrengt nach.

„Also…“, fing er an. „Als ich gestern nach Hause kam, saß in meiner Kiste ein Mäuschen. Dem bin ich nachgejagt.“

„Und? Hast du's erwischt?“, fragte Smarty.

„Nein, leider nicht. Es ist in sein Loch gehuscht.“

„Gut gemacht, du kriegst 'ne Eins!“, sagte Smarty und kratzte einen Haken in den Sand.

„Dacki, jetzt bist du an der Reihe.“

Die Dackeldiva rückte sich ihre Schleife zurecht.

„Als ich noch auf der Datscha lebte, habe ich mich immer satt essen können…“

„Ha-ha-ha!“, lachte Krümelchen los.

„Ich wurde immer mit Wurst gefüttert“, sagte Dacki pikiert.

„Ha-ha-ha! Wurst! Wirklich komisch“. Krümel konnte sich gar nicht mehr einkriegen.

„Wieso lachst du denn so?“, fragte die Ex-Dackeldame mit feuchten Augen. „Ich hab' immer Wurst bekommen, und das ist hier auch jedem bekannt.“

„Gut gemacht, du kriegst 'ne Eins“, sagte Smarty eilig.

Dann waren die Neuen dran. Sie priesen ihren Menschen und erzählten, wie gut, stark und tapfer er war. Das hatten wir zwar alles schon zigmal gehört, aber Smarty gab ihnen auch dafür eine Eins.

Er fand Gefallen daran, Lehrer zu sein. Er rückte sogar seinen Hut auf ein Ohr.

„Hinki, geh an die Tafel.“

Hinki wurde wie immer verlegen und murmelte 'was vor sich hin.

„Gut gemacht, du kriegst 'ne Eins!“, sagte Smarty begeistert.

„Stolzi, jetzt bist du an der Reihe!“

„Aber ich hab' mir noch nichts überlegt“, sagte ich.

„Gut gemacht, du kriegst 'ne Eins!“, sagte Smarty, ohne zuzuhören.

„Darf ich auch an die Tafel?“, fragte Blacky.

Smarty wusste nicht recht, was er sagen sollte. Blacky trippelte nach vorn, stieß mit der Pfote die Tafel um und sagte:

„Was seid ihr bloß für Idioten. Ein Hund muss ein Hund sein. Warum soll er lesen, als ob er ein Mensch wär'? Glaubt ihr, der Mensch gibt euch Essen und Kleidung, bloß weil ihr lesen könnt? Der Mensch gibt euch höchstens die Reste. Das ist meine Erzählung. Was krieg' ich dafür, Smarty?“

„Ich geb' dir 'ne Eins“, nuschelte Smarty und stieß einen Seufzer aus.

„So, so“, sagte Blacky. „Und vergesst nicht, dass Mensch und Hund früher die gleiche Sprache gesprochen haben. Es bringt nichts, die menschliche Sprache zu sprechen, solange der Mensch sich nicht ändert.“

Blacky hatte recht. Früher haben Menschen und Hunde tatsächlich die gleiche Sprache gesprochen. Davon hat mir noch meine Mutter erzählt, als ich ein dummer Welpe war.

Kapitel 10

# Warum Mensch und Hund verschiedene Sprachen sprechen

Als Mensch und Hund noch eine Sprache sprachen, lebten sie zusammen und teilten alles gerecht. Sie hatten ein Haus, einen Garten und ein Feld.

Morgens stand der Hund auf, um die Kühe zu hüten, und der Mensch säte und pflügte. Sie fuhren zusammen die Ernte ein und aßen das Gleiche.

Einmal gingen sie auf die Jagd. Sie jagten und jagten, bis der Mensch schließlich sagte:

„Ich hab' es satt, weiter zu laufen. Mit deinen vier Beinen bist du sowieso viel schneller als ich."

„Also gut", sagte der Hund. „Ruh dich aus. Ich treib dir das Tier vor die Nase, du musst es nur fangen."

Und so machten sie es fortan immer. Der Hund lief und jagte das Wild. Der Mensch wartete und fing es ein.

Hatten sie etwas gefangen, aßen sie es gemeinsam. Da sagte der Mensch:

„Ich hab' es satt, mein Fleisch immer roh zu essen. Dir macht das nichts aus, du hast scharfe Zähne. Aber meine Zähne sind klein und stumpf. Koch mir das Fleisch, damit es zarter wird."

„Also gut", sagte der Hund und kochte ihm fortan das Fleisch.

So ging es weiter. Der Mensch aß gekochtes, der Hund

rohes Fleisch. Der Hund kochte, dämpfte, salzte und würzte das Essen, bis es so schmackhaft war, dass der Mensch immer mehr davon aß. Er wurde dicker und dicker und irgendwann wurde es ihm zu eng. Also sagte er:

„Es ist viel zu eng hier drin. Bau dir doch eine eigene Hütte. Du wirst schon nicht frieren, du hast ja ein Fell."

„Gut", sagte der Hund und baute sich eine Hütte.

Damals liefen noch viele furchterregende Tiere im Wald herum. Sie rotteten sich nachts zusammen, starrten ins Fenster des Menschen hinein und gaben bedrohliche Laute von sich. Der Mensch hatte Angst und sagte dem Hund:

„Ohne dich kann ich vor Angst nicht mehr schlafen, doch mit dir ist es hier drinnen zu eng. Halt mir nachts die Tiere vom Leib. Schrei sie an."

„Gut", sagte der Hund. „Ich werde sie anschreien."

Als die furchterregenden Tiere das nächste Mal kamen, lief der Hund raus und schrie:

„Haut ab oder ich beiße euch tot."

Am nächsten Morgen sagte der Mensch:

„Die ganze Nacht hast du mich um den Schlaf gebracht. Wenn du schreist: Ich beiße euch tot, bekomme ich Angst. Kannst du nicht irgendwas anderes schreien? Wie wär's mit: Wau-Wau!"

Als die furchterregenden Tiere das nächste Mal kamen, lief der Hund raus und schrie:

„Haut ab, wau-wau!"

Am Morgen sagte der Mensch:

„Deinetwegen hab' ich schon wieder nicht schlafen können. Wenn du Haut ab! schreist, denke ich, ich soll aus dem Haus gejagt werden. Schrei einfach Wau-Wau! und sonst nichts."

Als die furchterregenden Tiere das nächste Mal kamen, schrie der Hund nur noch Wau -Wau.

Doch der Mensch war noch immer nicht zufrieden:

„Du schreist zu laut und lässt mich nicht schlafen. Ich bin schon ganz abgemagert. Anstatt soviel 'rumzuschreien, solltest du lieber wieder jagen gehen und mir Fleisch besorgen."

So ging der Hund auf die Jagd, brachte dem Menschen Fleisch, kochte es und gab dem Menschen zu essen. Der Mensch schlief ein, doch als er aufwachte, hatte er schon wieder Hunger:

„Hey, Hund, wo ist mein Fleisch?"

„Wau-wau!", bekam er zur Antwort.

„Was heißt hier Wau-Wau?“, sagte der Mensch wütend. „Kannst du nicht anständig sprechen?!“

„Wau-wau!“, antwortete der Hund. „Solange wir wie Brüder zusammengelebt haben, habe ich die gleiche Sprache gesprochen wie du. Nun hab' ich dir nichts mehr zu sagen. Bessere dich oder ich sage nur noch Wau-Wau.“

So kam es, dass der Hund aufhörte, mit dem Menschen zu sprechen. Der Mensch besserte sich ein wenig. Er ging wieder selbst auf die Jagd und kochte sein Fleisch. Aber es ist noch zu früh für eine Versöhnung. Deshalb hört der Mensch vom Hund nach wie vor nur Wau-wau.

Diese Geschichte hat mir meine Mutter erzählt, als ich noch ein kleiner Welpe war.

Kapitel 11

# Yamomoto zieht um

Mein Freund Yamomoto beschloss, auf den Baum zu ziehen. Seine Hausleute hatten ihn vor die Tür gesetzt.

„Schau mal“, sagte er. „Es hat ihnen nicht gepasst, dass du bei mir zu Besuch warst, den Blumentopf umgeworfen und alles vollgesaut hast. Doch ich geb' nicht klein bei. Bei mir sagen sie keinen Mucks.“

Yamomoto leckte sich seine Pfote.

„Tut's weh?“, fragte ich.

„Ein bisschen. Ich habe mich mit meinem Hausherrn geschlagen. Er hat die Hand gegen mich erhoben. Doch ich geb' nicht klein bei. Ich hab' ihm so eins mit der Pfote übergezogen, dass es ihn umgehauen hat. Hab' ich zu fest zugeschlagen? Sollte ich vielleicht etwas nachgiebiger sein?“

Ich sprach Yamomoto gut zu. Man muss sich schließlich zu wehren wissen.

„Ja, ich habe ordentlich was auf den Pfoten“, sagte Yamomoto. „Schau mal, was ich für Muskeln habe. Doch nun will ich erst mal allein wohnen. Sollen sie doch sehen, wie sie ohne mich auskommen. Ohne ihren gütigen klugen Kaiser, der sich immer um alles gekümmert hat. Sollen sie doch selbst kochen, den Boden fegen und meinen Napf mit Milch füllen. Undankbare Leute sind das!“

Yamomoto wischte sich eine Träne weg.

„Nimm's nicht so schwer“, sagte ich. „Das Leben geht weiter!“

„Aber sicher“, sagte Yamomoto. „Ich ziehe jetzt auf den Baum.“

„Auf den Baum?“

„Ja, ich baue mir ein Nest bei den Krähen. Das ist gemütlich und praktisch. Und zu Mittag gibt es jetzt jeden Tag Krähen.“

Mir kamen gewisse Zweifel, ob die Krähen das gut finden würden.

„Aber wieso denn?“, wunderte sich Yamomoto. „Was sollen die schon dagegen haben? Die sind doch so viele. Ich habe diese Krähen noch nie verstanden. Sie sind doch sowieso alle gleich schwarz. Was macht das schon für einen Unterschied – eine mehr oder weniger? Wenn es so viele von mir gäbe, würde ich nicht so knausern und meinem Hausherrn ein paar von mir für eine Mütze schenken.“

Yamomoto dachte lange nach, wie er sein Nest bauen sollte. Dann rief er mich und sagte:

„Du setzt dich jetzt hin und hörst zu. Das nennt man Berichterstattung. Und wenn ich fertig bin, musst du klatschen. Kapiert?“

Er richtete sich seine Barthaare und legte los:

„Ich habe beschlossen, ein Nest zu bauen. Ich brauche dafür hundert Stöckchen, zweihundert Zweige, fünfzehn Löwenzahnwurzeln, Grashalme, Fell, Haare, Moos, Lumpen und ein großes Schloss mit zwei Schlüsseln. Das Nest muss auf jeden Fall abschließbar sein. So, das war's. Du darfst jetzt klatschen, Stolzi.“

Ich schlug mit aller Kraft die Pfoten gegeneinander. Yamomoto verneigte sich.

„Das nennt sich Berichterstattung“, erklärte er noch einmal stolz.

Am nächsten Morgen begann Yamomoto, sein Nest zu bauen. Ich half ihm, so gut ich konnte. Ich brachte die

Stöckchen und Zweige und steuerte noch eine Pappschachtel bei. Kaum hatte Yamomoto die ersten Zweige am Baum festgemacht, flog auch schon eine Krähe heran und krähte ihm 'was ins Ohr. Yamomoto kam aus dem Gleichgewicht und wäre fast auf den Boden geflogen.

„Flegel!“, schrie er.

Gegen Mittag war der Baum ganz in Schwarz gehüllt. Die Vögel kreisten um den Baum herum und wollten gar nicht aufhören zu schreien.

„Hauptsache, ich habe ein Schloss“, ächzte Yamomoto. „Das Nest muss abschließbar sein. Diese Krähen lassen einen sonst nicht in Ruhe.“

Ich fragte, wo er das Schloss überhaupt anbringen wolle. Das Nest hatte ja nicht mal 'ne Tür. Yamomoto dachte angestrengt nach. Während er noch grübelte, lief ich fort, um zu Mittag zu essen. Als ich zurückkam, bot sich mir ein trauriger Anblick. Die Krähen hatten das Bauwerk zerstört und stürzten sich jetzt auf den Bauherrn. Der Himmel war schwarz von ihnen. Woher kamen bloß all diese Vögel? Vom Baum rieselten Fellbüschel, Stöckchen und Zweige herab. Dann fiel die Pappschachtel runter und schließlich plumpste mir auch Yamomoto selbst vor die Füße.

„Siehst du“, sagte er, als er endlich Luft geholt hatte. „Es hat ihnen nicht gefallen, dass ich ein Kaiser bin. Doch ich geb' nicht klein bei. Sie verstehen ihr Glück einfach nicht. Ich hätte bei ihnen für Ordnung gesorgt. Sollen sie doch allein zurecht kommen. Soll der Hagel sie treffen, sollen Hunger und Kälte sie quälen. Dann wird es ihnen noch Leid tun, ohne ihren gütigen, klugen Kaiser zu leben.“

Und Yamomoto wischte sich mit seiner Pfote die Nase ab.

Kapitel 12

# Es geschah in einer Nacht

Kater sind anders als Hunde. Kater legen sich nicht einfach irgendwohin, um zu pennen. Sie suchen sich ein gemütliches Plätzchen. Ich habe Yamomoto schon immer darum beneidet, dass er durch jedes Loch kriechen kann.

Ein Hund käme nie in den Keller, aber Yamomoto schläft dort, als wäre er in seiner eigenen Wohnung.

Doch Yamomoto hat auch allen Grund, mich zu beneiden. Ein Kater ist eben kein Hund. Wäre in jener Nacht ein Kater an meiner Stelle gewesen, hätte er seinem Menschen nicht beistehen können.

Ich kam gerade von der Nachtwache zurück. Gott sei Dank hat mich der Balkonkläffer noch am Sandhaufen aufgehalten.

Ich war ganz in Gedanken versunken, als ich plötzlich ein leises Flüstern vernahm:

„Hey, Kumpel!“

Ich hob den Kopf und sah die weiße Nase unseres Balkonkläffers durch die Balkonstäbe lugen.

„Hey, wart doch mal kurz!“, sagte er.

Ich hiclt an und fragtc, warum cr nicht schimpft.

Der Balkonkläffer stieß einen Seufzer aus:

„Hab' keine Lust. Und wie ist es so auf der Straße? Ist es schön?“

„Sehr sogar“, sagte ich. „Komm doch runter und streun

mit mir 'rum."

„Ich kann nicht", antwortete er. „Ich darf nur zum Balkon raus."

„Bist du denn etwa kein richtiger Hund?", fragte ich.

Der Balkonkläffer seufzte erneut.

„Meine Hinterpfoten sind zum Laufen zu schwach. Ich war lange krank und kann meine Pfoten kaum noch bewegen."

Und dann begann der Balkonkläffer mich auszufragen: Wie das Gras in der Schlucht riecht, ob es Feldmäuse gibt und wohin der Bach fließt. Es gab nichts, was er nicht wissen wollte.

Ich bin ihm heute noch dankbar, dass er mich so lange aufgehalten hat. Am Sandhaufen führte ein Weg vorbei. Und auf diesem Weg kam mein Mensch.

Er ging vor sich hin und mein Herz schlug höher. Da kamen ihm plötzlich zwei finstere Gestalten entgegen.

„Hast du 'ne Kippe für uns?", fragten sie.

Ich versteckte mich hinter dem Sandhaufen und wartete ab.

Mein Mensch suchte in seiner Jackentasche nach Zigaretten.

„Und Feuer?"

Er gab ihnen Streichhölzer.

„Wie spät ist es?"

„Spät", antwortete mein Mensch und wollte gehen.

Aber sie ließen ihn nicht.

„Du kommst jetzt mit", sagten sie. „Wir müssen reden."

„Worüber?", fragte er.

„Es gibt 'was zu klären."

Da richtete sich mein Fell auf.

Die beiden führten Böses im Schilde.
„Lasst mich vorbei“, sagte mein Mensch.
„Du kommst jetzt mit“, sagten sie.
„Ich gehe nach Hause“, sagte er.
„Wir haben mit dir zu reden“, sagten sie.
Ich spannte mich wie eine Sprungfeder an. Sie sollten bloß wagen, meinem Menschen ein Haar zu krümmen.
„Lasst mich vorbei“, sagte mein Mensch.
Und sie stürzten sich auf ihn.
Was hätte mein Mensch ohne mich bloß gemacht? Wie der Blitz schoss ich aus meinem Versteck. Ich war blind vor Wut. In diesem Moment hätte ich gegen hundert Menschen antreten können. Ich stürzte mich erst auf den einen und dann auf den anderen. Sie fielen zu Boden und krochen auf allen Vieren davon. Ich sprang wie ein Wahnsinniger 'rum und biss um mich.
Sie bekamen es mit der Angst und schrien, ich hätte Tollwut. Auch der Balkonkläffer ließ mich nicht im Stich und bellte so laut er konnte.
„Ich beiße alle zu Tode. Ich reiß' euch in Stücke!“
Im Haus gingen die Lichter an und die Leute lehnten sich wütend aus ihren Fenstern. Mein Mensch rief mich und wir gingen schnell weg. Er streichelte meinen Kopf und sagte:
„Vielen Dank, mein Lieber. Du bist ein echter Freund.“
Das sagte er mehrere Male.

Kapitel 13

# Mein Traum

Und dann hatte ich einen Traum. Ich fand die Hundepforte, öffnete sie, und dort stand mein Mensch.

Er trug hohe Stiefel, einen Hut mit weißer Feder und in der Hand eine glänzende Flinte. Die Sonne stand gleißend am tiefblauen Himmel.

„Schau nur, wie blau er ist, Stolzi!", sagt mein Mensch.

Ich sehe den tiefblauen Himmel und sattgrünes Gras. Alles ist anders und schöner als sonst. Wieso habe ich das früher nie so gesehen?

Ich laufe in großem Bogen um meinen Menschen herum und hebe fast ab. Meine Pfoten berühren den Boden kaum. Mir ist, als ob ich fliege. Ich springe über Steine, Büsche und Bäume.

Mein Mensch bleibt stehen. Er hebt seine glänzende Flinte und richtet sie in den blauen Himmel. Bumm! Aus der Flinte spritzen die Funken und ein vielfarbener Vogel stürzt vom Himmel herab.

Ich laufe zu ihm hin, nehme ihn vorsichtig zwischen die Zähne und bringe ihn meinem Menschen.

„Gut gemacht, Stolzi!", lobt er.

Er hebt erneut seine Flinte und – Bumm – fällt noch ein weiterer Vogel vom Himmel.

Wir gehen immer weiter. Um uns herum sind Wiesen und Bäche, ein Meer weißer Blumen. Über uns wölbt sich der Himmel wie eine Kuppel.

Da kommen wir an einen Waldrand. Der Wald empfängt

uns mit frischer Kühle.

„Sei gegrüßt, Väterchen Wald!“, ruft mein Mensch.

Und Väterchen Wald seufzt laut auf:

„Ja, se-ehr heiß, meine Lieben…“

In der Ferne jenseits des Waldes glänzt Wasser und wir laufen dahin. Wir lachen und kichern. Dann springen wir ins Wasser und machen mit den Wasserspritzern einen Regenbogen.

„Sei gegrüßt, Onkel Fluss!“, ruft mein Mensch.

„Na, ihr zwei Schlingel“, schnurrt er freundlich zurück.

Wir nehmen ein Bad und schlendern dann nass und zufrieden von dannen. Wir kommen auf eine Lichtung mit großen roten Beeren. Wir kämpfen uns durch das Dickicht. Wir laufen immer weiter und weiter, bis wir schließlich sehr müde sind. Und da sind wir plötzlich in unserer Schlucht. Hier machen wir Rast.

„Sei gegrüßt, Tante Schlucht“, sagt mein Mensch. „Dürfen wir an deiner Schulter ruhen?“

„Nur zu“, stimmt die Schlucht zu.

Wir lassen uns in das saftige Gras fallen, tollen ein bisschen herum und bleiben dann liegen.

„Stolzi und ich, wir sind Freunde“, sagt mein Mensch. „Und wie geht es dir, Tante Schlucht?“

„Es geht so“, sagt sie.

„Auch du bist unsere Freundin“, sagt mein Mensch. „Wir lieben es, an deiner Schulter zu ruhen.“

Und so liegen wir da und schauen zum Himmel.

„Was ist denn da, Stolzi?“, fragt mich mein Mensch.

Ich sehe am Himmel einen großen und schönen Vogel. Aber mein Mensch greift diesmal nicht nach seiner glänzenden Flinte. Er holt ein Täfelchen und dünne Pinsel hervor und fängt an zu malen. Und plötzlich ist dort ein Vogel zu sehen, der noch schöner und bunter ist als der am Himmel.

Dann nimmt er das Täfelchen und wirft es zum Himmel. Das Täfelchen fliegt und fliegt und schlägt Purzelbäume. Und plötzlich flattert aus ihm ein gleißender Feuervogel heraus. Genau der, den er mit seinen Stäbchen erschaffen hat. Er breitet die Flügel aus und fliegt der Sonne entgegen.

„Hurra!", ruft mein Mensch.

Er springt auf, tanzt und breitet die Arme aus. Er greift sich die glänzende Flinte und feuert zur Seite, um nicht den Vogel zu treffen.

„Er fliegt, er kann fliegen!", ruft mein Mensch.

Ich springe ebenfalls herum und belle. Ich bin fröhlich, weil mein Mensch fröhlich ist. Und Tante Schlucht murmelt zufrieden.

Was für ein herrlicher Traum! Ich träumte lange, bis es plötzlich dröhnte und knatterte.

Ich schlug meine Augen auf und lag in meinem Erdloch. Der Himmel hing tief und es nieselte. In der Schlucht lärmten die Baumaschinen. Ein neuer Tag brach an.

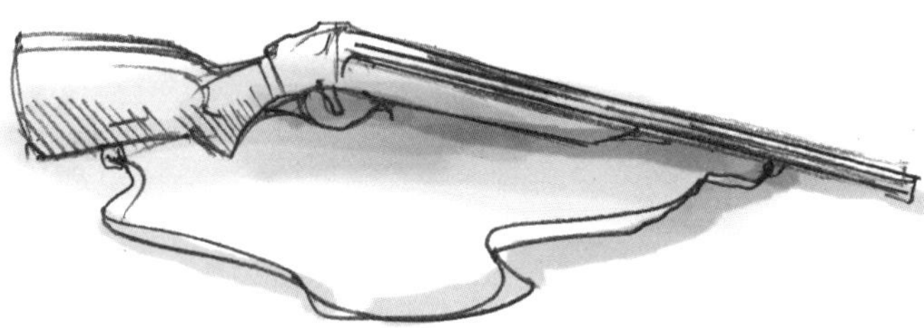

Kapitel 14

# Hundeglück – Hundepech

So ist das Hundeleben. Heute hast du 'nen dicken Knochen zu fressen und morgen weißt du nicht, wie du den Tag überlebst.

Gestern ist Hinki halbtot nach Hause gekommen. Er wollte wie jeden Tag in den Zug steigen. Aber da wurde er so bös getreten, dass er sich kaum noch nach Haus schleppen konnte.

Hinki litt still vor sich hin, aber in seinen Augen standen die Tränen. Der arme Hinki. Warum bloß hatte man ihn so zurichten müssen?

Dafür hatten die Neuen Glück. Ich hab's selbst gesehen. Beim Haus stand ein Auto, in dem ein Erwachsener irgendwelche Sachen verstaute. In der Nähe lungerten die Neuen herum, denn es hätte ja sein können, dass 'was Essbares für sie abfällt.

Da kam ein Mädchen zum Hauseingang raus. Ich kannte es, weil es mir mal ein Stück Fleisch gegeben hatte. Das Mädchen sagte:

„Guck mal, Papa, was für niedliche Hündchen das sind. Die laufen hier immer 'rum."

Der Vater antwortete nicht und kümmerte sich um sein Auto.

„Papa, einer für Mascha und einer für mich. Lass sie uns mit auf die Datscha nehmen."

Der Vater antwortete nicht.

„Ich werde mit ihnen spielen und sie passen auf unseren Garten auf."

Der Vater sagte immer noch nichts.

„Hündchen, ihr süßen kleinen Hündchen, kommt her", rief das Mädchen.

Die Neuen kamen schwanzwedelnd angelaufen. Ich wiederum hielt mich zurück. Wenn mich das Mädchen nicht rief, wollte ich mich auch nicht aufdrängen. Sie hatte mir ja schon mal Fleisch gegeben. Und jetzt hatte sie sowieso nichts dabei.

„Hündchen, ihr süßen kleinen Hündchen", sagte das Mädchen und streichelte die Neuen.

Die sprangen und quietschten vor Freude. Tobik legte sich auf den Rücken, streckte den Bauch raus und strampelte mit seinen Pfoten. Eine schreckliche Angewohnheit.

„Papa, lass sie uns mit auf die Datscha nehmen", sagte das Mädchen.

Der Vater antwortete nicht.

„Nun sag schon ja, Papa!"

„Und was wollt ihr im Winter mit ihnen machen", fragte der Vater. „Der Sommer ist bald vorbei."

„Im Winter kann Onkel Kolja sie nehmen."

„Onkel Kolja hat schon einen Hund."

„Dann bekommt er halt noch zwei dazu. Er mag doch Hunde."

„Also wie du willst", sagte der Vater und ließ den Motor an.

Das Mädchen machte die Wagentür auf und rief:

„Kommt her, Hündchen. Wir fahren auf die Datscha. Die Datscha wird euch gefallen."

Die Neuen blickten fragend zu mir. Wir alle hatten die

Erzählungen der Dackeldiva über die Datscha im Ohr. Die Datscha hieß nicht einfach nur gutes Leben. Datscha hieß Paradies – Hundeparadies.

Ich nahm es dem Mädchen natürlich übel, dass es mich nicht gerufen hatte. Aber andererseits wäre ich sowieso nicht mitgefahren, denn ich hatte ja hier meinen Menschen und würde auch unsere Schlucht nicht einfach verlassen...

„Nun kommt schon her“, rief das Mädchen.

Man konnte sehen, dass das Mädchen ein gutes Herz hatte. Und der Vater schien auch ganz in Ordnung zu sein. Die Neuen durften sich diese Chance nicht entgehen lassen.

„Na los“, sagte ich deshalb. „Nun geht schon.“

„Und Blacky?“, fragten sie. „Wird Blacky nicht böse sein?“

Blacky hätte die Neuen sicher nicht einfach ziehen lassen. Blacky misstraute den Menschen. Aber Blacky war auf der anderen Seite der Schlucht.

Und so gingen die Neuen.

„Wenn es uns nicht gefällt, kommen wir wieder“, riefen sie. Und dabei strahlten sie überglücklich. Schließlich hat man nicht jeden Tag das Glück, von einem netten Mädchen auf die Datscha eingeladen zu werden.

Sie krochen ins Auto, die Tür fiel ins Schloss, und weg waren sie.

Auch wenn Bobik und Tobik nur kurz bei uns in der Schlucht gelebt hatten, schlug mir ihr Weggang doch aufs Gemüt. Die Reihen des Rudels lichteten sich. Blacky würde mir Vorwürfe machen, weil ich die Neuen habe ziehen lassen. Wer sollte ihn nun auf der Nachtwache begleiten?

Auch Hinki war nicht mehr einsatzfähig. Wenn es einer verdient gehabt hätte, sich auf dem Land zu erholen, dann er. Aber das Hundeleben ist nun mal eine Pusteblume. Es trägt dich mal hierhin, mal dorthin – ganz wie der Wind steht.

Mehr als alle anderen aber grämte sich Dacki:

„Ach, warum nur konnte ich nicht mit den Neuen fahren!“

Kapitel 15

# Das Ende des Sommers

Zum Ende des Sommers wird es abends schnell dunkel. Die Nächte sind frisch und die ersten Blätter fallen vom Baum. Ein paar warme Tage noch und das war's. Die Erde wirft ihr Fell ab, als wär' sie ein Hund. Das Gras wird gemäht und verbrannt.

Hinki ist immer noch nicht auf den Beinen. Sein Zustand wird immer schlechter. Seine Wunde will einfach nicht heilen. Blacky hat ihm schon gesagt:

„Es steht schlecht um dich, Hinki. Hab' ich nicht immer gesagt, dass du nicht betteln sollst?!“

Wie schnell doch der Sommer verflogen ist! Bald kommen Regen und Wind und dann muss man sich wieder ein warmes Eckchen und jede Brotkrume suchen.

Das Gras in der Schlucht ist schon ganz ausgedörrt und riecht faulig. An solchen Tagen mache ich es mir in einem Erdloch bequem, atme den Duft der Blüten tief ein, beobachte die Libellen und red' mit der Schlucht.

„Weißt du noch, Tante Schlucht, wie ich mit meinem Mensch bei dir zu Besuch war? Was er zu dir gesagt hat? 'Stolzi ist mein bester Freund!' - hat er gesagt.“

Die Schlucht raschelt zur Antwort und kitzelt mich mit einem Grashalm.

„Ja“, sage ich, „bald ist Winter. Aber weißt du auch, wo ich dann wohne? Bei meinem Menschen. Das hat er mir selbst gesagt: 'Stolzi, komm her, du kannst bei mir wohnen'. Und wenn du's nicht glaubst, Tante Schlucht, dann frag Yamomoto.“

Je näher der Herbst rückt, desto trauriger werden die Augen der Hunde. Bei der Ex-Dackeldiva fällt das besonders auf.

„Ach, ich muss immerzu an die Datscha denken“, seufzt sie. „Was war das nur für ein Leben! Ich hatte ein eigenes Zimmer. Denkt euch bloß, ein ganzes Zimmer für einen Hund.“

„Ha-ha-ha!“, beginnt Krümel sein übliches Liedchen.

„Wenn du so lachst, macht mich das traurig“, sagt die Ex-Dackeldiva.

„Das ist bloß, weil du nicht lesen kannst“, sagt Smarty. „Wenn ich traurig bin, lese ich 'was über Heumahd und Ernte.“

„Du bist ja so schlau“, sagt die Ex-Dackeldiva. „Fast wie mein Mensch. Er wurde Professor genannt. Wenn du möchtest, nenn' ich dich auch so: Professor Smarty.“

Smarty war ganz verlegen und zog schnell seinen Hut auf.

Wenn der Herbst naht, fängt bei den Hunden das Jucken an. Du kratzt dich links, du kratzt dich rechts, und unter der Haut setzt ein Frösteln ein. Da zeigt dir der Frost aus der Ferne seine drohende Kralle, damit du auch ja nicht vergisst, dein Fell in Ordnung zu bringen. Denn sonst wird es dir ohne Dach über dem Kopf schlecht ergehen.

Smarty sammelt schon alte Zeitungen. Wenn es kalt wird, legt er sich damit den Schlafplatz aus. Smarty schläft gern auf Zeitungen. Wenn er aufwacht, liest er ein Wörtchen und schläft wieder ein. Statt eines Frühstücks murmelt er morgens: „Re-kla-me-anzeige….Wo kann man lernen?“

Krümelchen macht seine Apfelkiste kältefest und freut sich, dass die Kinder bald wiederkommen. Wenn die Schulglocke läutet, kommen sie angerannt. Dann wird Krümel

wieder gestreichelt, geknufft und mit Leckerlis vollgestopft.

Zum Ende des Sommers wird der Mond immer heller. Hinki winselt jede Nacht:

„Eine Spende für Hinki, eine Spende für Hinki, gebt doch auch Hinki ein kleines Stück Mond! Ein silbernes Krümelchen bloß, damit Hinki es zu bis zum Frühjahr schafft!"

Aber es sieht nicht so aus, als ob Hinki es noch lange macht. Mein Freund Yamomoto hat schon gesagt:

„Wenn er ein Kater wäre, würde ich ihn schon wieder auf die Beine kriegen. Aber Hundemedizin ist nicht mein Ding."

Die Tage sind immer noch wunderbar! Warm und reif wie eine saftige Beere. Noch ist die Schlucht ein Paradies für freie Hunde. Wo die Erde noch nicht abgetragen und umgegraben ist, wuchert das Gras. Wir spielen Fangen und Hundeverfolgung.

Nur Hinki spielt nicht mehr mit. Hinki hat ausgespielt. In diesen letzten warmen Spätsommertagen nehmen wir Abschied von Hinki.

Kapitel 16
# Abschied von Hinki

Hinki lag da, die Schnauze auf seine Pfoten gestützt. Sein Fell war ganz abgewetzt. Seine Wunde war aufgerissen.

Wir saßen um ihn herum.

„Willst du 'was essen?“, fragte Blacky.

„Weiß nicht“, gab Hinki heiser zur Antwort.

„Bringt ihm den Knochen“, befahl Blacky.

Einer von uns lief, um den Knochen zu holen. Blacky hatte immer irgendwo einen angefressenen Knochen versteckt.

Hinki roch an dem Knochen, wollte ihn mit der Pfote zur Seite schieben, aber selbst dafür reichten seine Kräfte nicht mehr.

„Was möchtest du denn?“, fragte Blacky.

„Salzkraut“, sagte Hinki heiser.

Salzkraut! Wo in Himmels Namen sollten wir Salzkraut herzaubern? Der Ort, an dem das Salzkraut früher gewachsen war, war schon lange mit Kies zugeschüttet. Und es hätte auch nicht mehr geholfen. Hinki lag schon im Sterben.

„Sucht Salzkraut für ihn!“, befahl Blacky nichtsdestotrotz.

Alle machten sich schweigend auf die Suche. Natürlich war jedem klar, dass es kein Salzkraut mehr gab, aber wir konnten nicht tatenlos zusehen, wie Hinki litt. Wenn es bei uns einem schlecht geht, versuchen wir etwas für ihn zu tun.

Als Schlagetot letztes Jahr krank war, habe ich ihm

einen feuchten Zweig gebracht, den er ablecken konnte. Und das hat ihm gut getan. Bis zum Sommer haben wir außer Schlagetot noch drei andere verloren. Fauli ist unters Auto gekommen, Stummi verschwunden und Püppi lockten irgendwelche Leute zu sich und nahmen sie mit.

Wir kamen zurück und saßen im Kreis um Hinki herum. Jeder hatte gebracht, was er finden konnte. Ein Stück Rinde, einen Apfelkitsch oder ein süßes Bonbonpapier. Ich legte Hinki den goldenen Ring hin. Er sollte noch etwas Schönes sehen, bevor er von uns ging.

„Danke“, flüsterte Hinki.

„Nehmt jetzt Abschied von ihm!“, befahl Blacky streng.

„Lebe wohl, Hinki“, sagte Dacki und lief davon.

„Bis bald, Hinkilein!“, sagte Krümelchen schwanzwedelnd.

„Ciao“, sagte Smarty. Er liebte exotische Wörter.

Schließlich blieben noch Blacky und ich. Blacky wartete offensichtlich darauf, dass ich mich als erster verabschiedete und ging. Aber ich blieb schweigend sitzen. Ich wollte Blacky nicht nachgeben.

So saßen wir lange da.

„Also gut, Stolzi“, sagte Blacky schließlich. „Ich bin keiner, der einen Streit anfängt, wenn gerade einer im Sterben liegt.“

Er stand auf, rieb seine Nase an Hinkis und sagte:

„Hauptsache, du hast keine Angst.“

„Ich hab' keine Angst“, brachte Hinki heiser hervor.

Blacky ging und wir blieben allein. Die Sonne verschwand hinter den Häusern. Auf Hinki fiel Schatten.

„Stolzi“, flüsterte er. „Weißt du, wo am Kuhbusch das krumme Brettchen liegt?“

„Weiß ich", antwortete ich.

„Dort... da... ist mein Ball versteckt. Nimm ihn dir."

„OK", sagte ich.

„Ein guter Ball. Ganz neu, nur mit 'nem Loch. Nimm ihn dir. Man kann so schön damit spielen."

„Gut", sagte ich.

„Spring 'rum und stups ihn mit der Nase", riet Hinki mir. „Du bist ein so guter Springer."

Es war das erste und letzte Mal, dass ich Hinki so viel reden gehört habe. Vor seinem Tod ist er noch einmal über seinen Schatten gesprungen.

„Stolzi, diesen Dingsda", sagte er heiser, „diesen Ring. Leg ihn mir auf die Nase."

Ich nahm den goldenen Ring und hängte ihn über Hinkis Nase. Er flackerte in den letzten Sonnenstrahlen auf.

„Wie schön er ist", murmelte Hinki.

Das waren seine letzten Worte. Die Schlucht hatte noch einen freien Hund verloren.

Kapitel 17

# Blackys Rache

„Das werde ich ihnen heimzahlen!“, sagte Blacky.

Das sagte er jedes Mal, wenn das Rudel einen der Seinen verlor. In seinen Augen schimmerte Trauer. Ich wusste, wie sehr er an der Sache zu beißen hatte. Also rang ich mich durch, ihm zu sagen:

„Nimm es dir nicht so zu Herzen, Blacky. Ich komme statt Hinki zu euch ins Rudel.“

Blacky war sofort hellwach:

„Du willst zu uns ins Rudel kommen, Stolzi?“

„Ja, Blacky. Ich nehm' Hinkis Platz ein.“

Blacky nahm Haltung an und rief mit voller Stimme:

„Angetreten in Reih und Glied!“

Ich stand ganz vorn. Hinter mir Smarty, Krümel und Dacki.

„Kameraden!“, rief Blacky mit stechendem Blick. „Stolzi kommt zu uns ins Rudel. Er wird meine rechte Pfote sein. Lasst uns schwören, dass ein jeder von uns für jeden da ist und wir uns niemals trennen.“

„Wuff!“, kläfften wir.

„Wir geloben feierlich, Hinki nie zu vergessen.“

„Wuff!“

„Wir geloben, an allen erwachsenen Menschen Rache zu üben!“

„Das geloben wir!“, rief Krümel fröhlich.

Wir anderen bellten verhalten.

„Wie aber werden wir Rache üben?“, Blacky musterte einen jeden von uns.

Ich sagte, dass man nur den bestrafen könne, der Hinki geprügelt hat.

Der sei aber schwerlich zu finden, warf Smarty altklug ein. Krümel kicherte und Dacki stieß einen Seufzer aus.

„Ich sehe: Euch fällt nichts ein", sagte Blacky. „Ihr habt einfach Angst vor den Menschen. Ich will keinen zwingen. Ich werde selbst Rache üben. Kommt jemand mit?"

„Ich!", rief Krümelchen aus.

Anschließend fielen Blacky und Krümel mitten am Tag eine erwachsene Frau an, die in der Nähe der Schlucht unterwegs war. Die Frau war vor Schrecken ganz bleich.

Blacky sprang sie an und fletschte die Zähne. Krümelchen huschte herum und stimmte ein fröhliches Bellen an. Für ihn war das ganze ein Spaß.

„Sie werden noch an mich denken", knurrte Blacky.

Am nächsten Tag stürzten sich Blacky und Krümel wahllos auf alle. Sie legten sich auf die Lauer, sprangen aus ihrem Versteck hervor, bellten wie die Wahnsinnigen und machten sich schnell aus dem Staub.

Mir schmeckte das alles gar nicht. Es roch nach Ungemach. Und meine Befürchtungen waren mehr als berechtigt. Ein Erwachsener ließ sich nicht einschüchtern, nahm einen Stein und warf ihn auf Blacky. Das aber machte Blacky so wütend, dass er ihn biss.

Das war schon kein Spaß mehr. Wir liefen schnell in die Schlucht, um uns zu verstecken. Blacky zitterte am ganzen Körper.

„Ich werd's ihnen zeigen!", brüllte er. „Sollen sie ruhig noch einen Stein nach mir werfen."

Aber er spürte selbst, dass er zu weit gegangen war. Die Menschen mögen es nicht, wenn man sie beißt.

Kapitel 18

# Das Große Lied

Die erste schlechte Nachricht überbrachte uns Yamomoto. Er kam ganz verschreckt angerannt.

„Versteck dich, Stolzi", zischte er. „Sonst kommt dich der Abdecker holen."

Yamomoto hatte gehört, wie die Erwachsenen darüber sprachen, dass sich in der Schlucht tollwütige Hunde breitgemacht hätten und die Leute anfielen. Einige seien am Tag gebissen worden, zwei andere nachts. Diese Hunde müsse man fangen.

Ich war wie vom Schlag getroffen. Die beiden, gegen die ich meinen Menschen verteidigt hatte, hatten sich also auch beschwert. Es stand wirklich schlecht um uns.

„Ich würde dich ja gern bei mir wohnen lassen", sagte Yamomoto, „aber du wirst sicher verstehen, dass ich erst meine Hausleute erziehen muss. Sollen sie mich ruhig noch ein bisschen vermissen. Ich kann auch gut auf der Straße leben."

Unser Rudel versammelte sich, um Kriegsrat zu halten. War es nicht Zeit, zu verschwinden? Aber wohin? Rechts war die Straße, links die Eisenbahntrasse, auf der einen Seite rasten die Autos, auf der anderen ratterten Züge.

Wenn wir Wildtiere wären, hätten wir in den Wald flüchten können. Dort gab es keine Häuser und Menschen, aber eben auch nichts zu fressen.

Mit einem Wort, wir saßen fest.

„Man muss ihnen alles erklären", schlug Smarty vor. „Man

muss ihnen sagen, dass Blacky nicht beißen wollte und sich nur gewehrt hat."

„Na, dann erklär das mal schön", sagte Blacky mit finsterer Miene.

„Es ist wirklich ein Jammer, dass wir die Menschensprache nicht sprechen", sagte die Ex-Dackeldiva. „Meine Freundin auf der Datscha konnte immerhin Mama sagen."

So gingen die Tage dahin und die Aufregung legte sich. Die Kinder waren immer noch nett und lieb. Wenn die Schulglocke läutete, kamen sie angerannt und wollten spielen. Am Abend waren wir dermaßen müde, dass wir alles andere vergaßen.

Nachts schauten wir zum Mond. Die Zeit des Großen Liedes war da. Dieses Lied singen wir einmal im Jahr vor dem Winter. Wir erzählen dem Mond, wie der Sommer war, und bitten um einen milden Winter.

Den Anfang macht immer Krümel. Krümel kann wirklich gut singen und kommt nie aus dem Takt. So sang er davon, wie er seine Apfelkiste mit Lehm und Stroh winterfest gemacht hatte. Den Boden hatte er mit Heu ausgelegt, aber das hatten die Mäuse stibitzt.

Smarty prahlte wie immer zuerst mit seinen Lesekünsten. Sein Lied sang Smarty mit Hut. Er streckte dem Mond seine Pfote entgegen und legte sie dann auf die Brust. Nach einiger Zeit verlor er den Faden und begann, nach der Zeitung zu singen:

„Die Fabrik feiert die Erfüllung des neuen Fünfjahresplans."

Niemand darf das Große Lied unterbrechen. Sogar Blacky ertrug tapfer, wie Smarty dem Mond seinen Blödsinn vorsang.

Dacki sang von ihrer Schleife, die früher so schön und sauber und heute verschlissen war. Und dann bat sie darum, dass ihr jemand eine neue gepunktete Schleife um den Hals legen möge.

„Welch ein Jammer, dass wir nie gelernt haben, eine Schleife zu binden!“, sang Dacki.

Blacky verfluchte die Maschinen der Menschen und beklagte das harte Los der freien Hunde. Und dann rief er Hinki an:

*Hey, Hinki, ich seh dich, du sitzt auf dem Mond!*
*Hey, Hinki, erzähl mir, wie sich's da wohnt.*
*Hey, Hinki, halt mir 'n Plätzchen frei.*
*Hey, Hinki, ich komm' auch bald vorbei.*

Mein Lied war kurz. Ich sang dem Mond, dass er so schön glänzte wie die Flinte meines Menschen. Ich sang dem Mond, dass er genauso rund sei wie die Hundepforte.

Und hinter dieser Tür, hinter der Pforte leben die Hunde so gut!

Und am Morgen nach dem Großen Lied passierte es schließlich doch noch.

## Kapitel 19
# Der Eiserne Käfig

Alles begann damit, dass Krümel angelaufen kam und ganz außer Atem rief:

„Dahinten wird Essen verteilt!“

Wer verteilt Essen? Und wo? Natürlich haben auch Hunde gelegentlich Glück. Es kann schon mal sein, dass bei einem Geschäft ein Haufen Knochen anfällt. Oder irgendwo ein ganzes Bündel Fleischreste im Mülleimer landet. Dann heißt es, nicht lange trödeln und zupacken.

Krümel eilte davon und auch ich machte mich schnell auf die Socken, um Yamomoto zu suchen. Vielleicht würde für ihn ja auch etwas abfallen. Das hat mir das Leben gerettet. Sonst hätte ich genauso in der Falle gesessen wie Krümel und Smarty.

Als ich mit Yamomoto zurückkam, saßen die beiden schon im eisernen Käfig. Daneben ging ein Mann mit einem großen Seil umher. Krümel und Smarty schauten traurig durch die Gitterstäbe.

Neben dem Käfig lief Blacky auf und ab und schimpfte sie für ihre Dummheit.

„Warum seid ihr da reingekrochen? Warum habt ihr euch da reinlocken lassen?“

„Er hat mir Fleisch gegeben“, erklärte Smarty. „Und dann hat er mir eine Schlinge um den Hals gelegt. Ich wär' fast erstickt. Sag ihm, dass er uns freilassen soll.“

Blacky knurrte und tigerte weiter um den eisernen Käfig herum.

„Lass sie frei!“, schrie er heiser. „Lass sie frei, du Halunke! Oder ich beiße dich!“

„Komm her, du Köter, nun komm schon“, rief der Mann und warf seine Schlinge nach Blacky.

Aber Blacky wich aus.

„Blacky, lauf weg“, rief ich ihm zu.

„Denen ist nicht mehr zu helfen“, flüsterte Yamomoto. „Die kommen zum Abdecker. Lass uns verduften, Stolzi.“

„Blacky, lauf weg“, rief ich erneut.

„Ich muss sie retten!“, knurrte er nur. „Ich werd' ihn beißen!“

Aber da legte sich auch schon die Schlinge um seinen Hals.

Blacky sprang hoch, aber die Schlinge zog sich nur fester.

Und Blacky fand sich im Käfig wieder.

„Du Halunke, du Schuft!“, knurrte er und biss in die eisernen Gitterstäbe.

„Lass uns abhauen, Stolzi“, drängte Yamomoto.

Aber ich konnte doch die anderen nicht einfach im Stich lassen. Nun tigerte ich knurrend und bellend um den Käfig herum.

„Stolzi, lauf weg!“, rief Blacky. „Du musst dich retten!“

Um uns herum hatten sich schon einige Leute versammelt. Sie sagten:

„Quält doch die Hunde nicht so! Lasst sie doch frei!“

„Aber ihr habt euch doch selbst beschwert, dass sie tollwütig sind“, entgegnete ihnen der Hundefänger. „Wollt ihr etwa gebissen werden?“

Die Kinder schrien im Chor:

„Lasst die Hunde frei, lasst sie frei!“

Einige weinten.

Smarty konnte einfach nicht fassen, dass man ihn eingesperrt hatte.

„Stolzi“, murmelte er, „sag ihm, dass er mich laufen lässt. Ich kann doch lesen. Sag ihm doch, dass ich lesen kann.“

Und Krümelchen fing an zu lachen. Er lachte und lachte und plötzlich weinte er. Er weinte und lachte und weinte dann wieder.

„Weine nicht, Krümelchen, weine nicht!“, knurrte Blacky. „Ich lass' nicht zu, dass sie dir etwas tun. Ich werde sie beißen. Stolzi, lauf weg!“

Aber da spürte ich, wie sich auch um meinen Hals eine Schlinge zusammenzog. Sie schnürte mir die Kehle zu, mir wurde schummrig vor Augen, und ich stürzte zu Boden.

Als ich wieder zu mir kam, hörte ich jemanden sagen:

„Das ist mein Hund, lass ihn frei!“

Und ich sah meinen Menschen. Er beugte sich über mich, nahm mir die Schlinge vom Hals und streichelte meinen Kopf.

„Wenn das Ihr Hund ist, warum läuft er dann ohne Halsband 'rum?“, fragte der Hundefänger. „Das ist nicht Ihr Hund. Wenn ich ihn laufen lasse, wird er wieder wen beißen.“

„Nein“, sagte mein Mensch mit aller Bestimmheit. „Der Hund gehört mir.“

„Dann zeigen Sie mir doch seine Marke“, sagte der Mann.

Da holte mein Mensch einen Geldschein aus seiner Tasche. Der Mann mit dem Seil steckte ihn weg und sagte:

„Dann nimm den Köter halt mit. Aber leg ihm ein Halsband an. Sonst ist er beim nächsten Mal auch dran.“

Ich konnte mich kaum auf den Beinen halten vor Schwäche. Da nahm mich mein Mensch auf den Arm und sagte:

„Wir gehen jetzt nach Hause.“

Und er brachte mich von dem eisernen Käfig weg, in dem Blacky knurrte, Krümelchen weinte und Smarty vor sich hin brummelte. Ich sollte die Drei nie mehr wiedersehen.

Kapitel 20

# Auf Wiedersehen, Schlucht

Und das war's. Damit endete unsere Zeit in der Schlucht. Für mich fing ein neues Leben an. Mein Mensch und ich fuhren fort und wanderten einen vollen Monat lang durch die herbstlichen Wälder.

Im Wald war es wunderbar! Mein Traum war in Erfüllung gegangen. Ich lief neben meinem Menschen her und schaute wachsam nach links und nach rechts. Wir schlugen uns durch das Dickicht, schwammen durch Flüsse und schliefen am Feuer. Danach war ich wieder bei vollen Kräften.

Mein Mensch nahm manchmal seine Kartons heraus und berührte sie mit den Stäbchen. Und einmal malte er genau jenen Vogel, den ich im Traum schon gesehen hatte.

Als wir in die Stadt zurückkamen, fiel schon der erste Schnee und die Schlucht war in eine weiße Decke gehüllt. Der Tümpel war zugefroren. Die Kinder fuhren Schlitten und liefen Schlittschuh.

Der Erste, den ich traf, war der Balkonkläffer. Er hatte ein warmes Steppjäckchen übergezogen und wurde ausgeführt. Seine Beine waren fast wieder gesund und er hatte ganz mit dem Schimpfen aufgehört.

Mein Freund Yamomoto hat sich mit seinen Hausleuten wieder vertragen und lebt ohne Sorgen im Warmen. Er hat erzählt, dass er Dacki noch ein paar Mal getroffen hat. Aber dann sei auch sie verschwunden.

Mein Mensch hält mich nicht an der Leine. Ich laufe den

ganzen Tag, wo ich will, und komme zum Schlafen nach Hause. Alle wissen, dass ich einen Menschen habe. Die Nachbarn haben lange geschimpft, sich dann aber doch damit abgefunden.

Morgens gehen wir im knirschenden Neuschnee spazieren. Wenn ich so durch den Schnee tolle, denke ich an alte Zeiten. Hier war mein Erdloch, da lag das Brett, dort war der Goldring versteckt.

Die Schlucht scheint in tiefen Schlaf gefallen zu sein. Sie hat es warm unter ihrer weißen flauschigen Decke. Ich wühle den Schnee mit der Nase weg, lege das Ohr an den Boden und sage:

„Hörst du mich, Tante Schlucht?"

„Ich hhööööre", meine ich ihre Antwort zu hören.

„Schläfst du?", frage ich.

„Schluuu", hallt es zurück.

Dann erinnere ich mich an mein unstetes Hundeleben, an Hunger und Kälte. Jetzt habe ich ein warmes Plätzchen, ein eigenes Bett. Was kann es Schöneres geben?

Abends bleibt mein Mensch lange wach. Ich döse vor mich hin und sehe ihm zu, wie er mit seinen Stäbchen hantiert. Und dann kommt Tante Schlucht zu Besuch.

Sie steht vor der Tür und scharrt mit den Füßen. Mein Mensch macht die Tür auf und bittet sie 'rein:

„Komm herein, Tante Schlucht! Wir haben dich schon erwartet."

Tante Schlucht macht eine tiefe Verbeugung und sagt:

„Seid gegrüßt, werte Freunde."

Wir setzen Wasser auf und stellen Konfekt auf den Tisch. Tante Schlucht schlürft ihren Tee:

„Das tut gut, meine Lieben."

„Trink, Tante Schlucht“, sagt mein Mensch und gießt nach. „Ich möchte dich malen!“

Tante Schlucht setzt sich hin und posiert. Mein Mensch malt sie auf einem großen Blatt. Dann setze ich mich dazu, und mein Mensch malt uns beide zusammen.

Dann trinken wir noch einen Tee. Tante Schlucht trinkt zehn Gläser aus. Ihr ist heiß und sie ist zufrieden.

Dann lege ich mich hin und bitte sie, mir ein Märchen zu erzählen.

Sie runzelt die Stirn, denkt kurz nach und legt los:

„Es waren einmal ein paar Hunde. Brave Hunde. Der eine hieß Stolzi, der andere Blacky, der dritte Smarty… Ja…Und dann war da noch Krümel, der war auch ein gutes Hündchen. Und Dacki, die frühere Diva, war auch dabei. Sie lebten zusammen und waren mit mir befreundet. Das waren wirklich sehr gute Hunde.“

„Und war Stolzi auch ein guter Hund?“, frage ich.

„Ein guter, natürlich, sogar ein sehr guter war das“, gab sie zur Antwort. „Du bist der Einzige, der mir geblieben ist. Die anderen sind alle weg, haben mich alle verlassen.“

„Die kommen sicher auch alle irgendwann wieder“, sage ich.

„Nun, wenn du meinst…“, murmelt Tante Schlucht vor sich hin. „Ich werde alt. Ich bin schon mit allem möglichen Schutt zugeschüttet und mit Häusern bebaut. Das Leben ist hart geworden. Es juckt mich an der Seite und da ist keiner, der kratzt.“

„Ich kann dich kratzen, Tante Schlucht.“

„Ja, ja... Im Frühjahr werde ich wohl endgültig zugeschüttet. Und was dann? Dann gibt’s kein Salzgras mehr.“

„Aber das gibt's doch schon lange nicht mehr“, sage ich.

„Das ist doch schon ewig mit Lehm zugeschüttet. Aber vielleicht wächst es ja irgendwann wieder?“

„Ja, ja…“, murmelt sie. „Vielleicht wächst es ja wieder. Ich gehe dann mal wieder. Vielen Dank für den Tee. Kommst du morgen spazieren gehen?“

„Ja, ich komm' zum Spazierengehen, Tante Schlucht.“

„Dann machen wir eine Schneeballschlacht“, sagt sie zufrieden.

Am nächsten Morgen tolle ich im Neuschnee herum. Mein Mensch wirft einen Stock, ich schnappe ihn mir und bringe ihn wieder zurück. Wir laufen herum und haben Spaß. Tante Schlucht sieht uns zu und freut sich mit uns.

„Gut gemacht!“, murmelt sie. „Wären bloß alle wie ihr…“.

Sie hüllt uns in zarten Pulverschnee und lässt uns auf ihrem Rücken reiten. Der Winter vergeht, der Himmel wird immer heller. Bald kommt der Frühling und dann steht auch der Sommer schon vor der Tür.

Im Sommer will ich mir eine Datscha bauen. Dann nehme ich Krümels Kiste und stelle sie hinter dem Wilden Busch auf. Im Sommer kommen sicherlich andere Hunde in unsere Schlucht. Oder die Neuen und Dacki kommen zurück…

So träumte ich vor mich hin, doch es kam dann ganz anders. Am Ende des Winters bekamen mein Mensch und ich ein neues Zuhause und wir zogen um. Jetzt leben wir ohne Nachbarn und niemand beschwert sich, wenn ich mal auf den Boden mache.

Am letzten Tag vor dem Umzug lief ich hinaus, um mich von Tante Schlucht zu verabschieden. Alles war voller Schnee! Ich buddelte lange, bis ich endlich das schwarze Gras ertastete.

„Hörst du mich, Tante Schlucht?“, fragte ich.

„Hhhhh hörrre dichhh…“, antwortete sie.

„Ich ziehe weg, aber ich komm' dich ganz sicher besuchen, Tante Schlucht. Wenn der Sommer kommt, komm' ich vorbei.“

„Hhh…“, raschelte es um mich herum.

Ich steckte meine Nase ins Gras und sagte leise:

„Lebewohl.“

„Hhh…“, hallte es zur Antwort zurück.

Dann kam ein Windstoß, und eine Wolke eiskalten Pulverschnees blies mir ins Gesicht.

# Zu diesem Buch

Jeder Mensch hat irgendwo in der Welt einen Lieblingsort. Das kann ein Platz am Ufer des Meeres sein oder ein einsamer Waldsee, ein Bergtal oder einfach ein gemütliches Plätzchen im Park. An solchen Orten kann man sich prächtig erholen, vor sich hin träumen, lesen oder einfach nur trübe Gedanken vergessen. Und hinterher ist es dann umso schöner, wieder nach Hause zu kommen und zu spüren, wie warm und behaglich es ist. Vor allem natürlich, wenn es draußen schneit oder ein Herbststurm tobt.

Nur die herrenlosen Hunde aus Konstantin Sergienkos großartiger Erzählung „Die Schlucht der freien Hunde" haben nichts außer einer öden Schlucht am Rande der Großstadt. Um diese Schlucht herum stehen riesige kalte Häuser, in denen Menschen leben, denen das Schicksal derer egal ist, die in unserer gleichgültigen Welt nur diese Schlucht haben. Und die auch nie etwas anderes haben werden. Die weder ein Dach über dem Kopf haben werden noch einen Menschen, der sie liebt, füttert und wärmt. Die nie einen Menschen haben werden, der sie wenigstens ein klein bisschen braucht.

Aber diese Hunde fühlen sich keineswegs elend. Sie sind freie und ungebundene Hunde, für die ihre Schlucht eine Welt ohne Grenzen bedeutet, eine Welt voller kostbarer Schätze, aufregender Düfte und rätselhafter Geheimnisse.

Sie wollen diese ihre Welt gar nicht verlassen. Die Schlucht ist ihr Zuhause. Sie haben dort alles, was sie brauchen, denn sie sind nicht sehr anspruchsvoll. Aber nichtsdestotrotz träumen sie alle den gleichen Traum: einen Menschen zu finden, der für sie da ist. Aber dieser Traum bleibt für die meisten von ihnen unerfüllbar. Und ihre Schlucht ist der einzige Ort, wo sie sich vor der unbarmherzigen Welt zurückziehen und Schutz finden können.

Dieses Buch, das aller traurigen Realität zum Trotz Optimismus und Lebensfreude verbreitet, geht dem Leser ans Herz. Hauptheld ist der Hund Stolzi, dem es am Ende des Buches tatsächlich gelingt, seinen Menschen zu finden. Und dass sich in diesem Menschen unschwer der Autor selbst erkennen lässt, macht das Buch noch ergreifender.

In der Geschichte, die Stolzi uns erzählt, geht es nicht nur um Trauriges, sondern auch um die Freuden des freien und ungebundenen Lebens. Es ist eine Geschichte voller Humor, Ironie, Güte und Großherzigkeit. Güte gegenüber jenen, die ihren Mut, ihren Humor und ihre Lebensfreude auch dann nicht verlieren, wenn das Leben nur wenige Freuden bereithält. Wer dieses Buch liest, versteht, wie wichtig es ist, jene verheißene Pforte zu finden, hinter der ein Mensch steckt, der wirklich zu einem gehört.

# Konstantin Sergienko
(1940 - 1996)

Konstantin Sergienko gilt als einer der talentiertesten russischen Romanautoren des letzten Drittels des 20. Jahrhunderts. Er war ein ernsthafter „Erwachsenenautor“ und zugleich ein fantastischer Geschichtenerzähler, der vor allem vom jungen Publikum leidenschaftlich geliebt wurde. Die Erzählung „Die Schlucht der freien Hunde“ (1979) gehört zu seinen bekanntesten Werken und lässt sich mit vollem Recht als sowjetischer Bestseller bezeichnen. Mehrere Zeichentrickfilme sowie Musicals und unzählige Theateraufführungen in aller Welt zeugen von der bis heute ungebrochenen Popularität dieses mitreißenden Gleichnisses über die Sehnsucht nach Freiheit und Geborgenheit am Rand der Gesellschaft.

In seinem umfassenden schriftstellerischen Schaffen tat sich Konstantin Sergienko in nahezu allen Genres der Kinder- und Jugendliteratur hervor. Sein vielschichtiges Werk reicht von historischen Abenteuergeschichten über Märchen und Fantasy-Romane bis hin zu poetischen Liebesgeschichten. Sein Debütroman „Kees, der Tulpenadmiral“ (1975), in dem der furchtlose Leidener Lausbube Kees während des Niederländischen Unabhängigkeitskriegs als selbsternannter Tulpengeneral zahlreiche Abenteuer bestehen muss und schließlich zur Rettung der belagerten

Stadt Leiden beiträgt, gehört bis zum heutigen Tag zu den Klassikern der russischen Jugendbuchliteratur und gewann 2011 den Buchpreis der Zentralen Moskauer Kinderbibliothek in der Kategorie „Beste Wiederveröffentlichung eines Klassikers". Wie in allen seinen historischen Abenteuerromanen verbindet Sergienko im „Kees" akribische historische Recherche, packende Krimi-Elemente und ein schillerndes Personal zu einem mitreißenden Geschichtsroman, der den jungen Leser für historische Themen begeistert. So ist es kein Wunder, dass „Kees, der Tulpenadmiral" und „Erwachen in Borodino" (1977) in Russland zur erweiterten Schullektüre im Geschichtsunterricht zählen.

Einen seiner größten internationalen Erfolge feierte Sergienko allerdings mit einem Buch, das sich auf den ersten Blick an ganz junge Leser richtet. Sein lyrisches Märchen „Das Pappherz" (1981), dessen kleiner Held als schutzloses Kartonwesen in einer harten Welt um Liebe und Anerkennung kämpft, wurde in zahlreiche Sprachen übersetzt. Der kleine Held dieses Buches rührt nicht nur die Herzen junger und alter Leser in aller Welt, sondern gilt auch als kleiner russischer Bruder von Saint-Exupérys Kleinem Prinzen und Andersens Zinnsoldaten.

Auch wenn Konstantin Sergienko vor allem als Kinder- und Jugendbuchautor Erfolge feierte, sind seine Werke nie ausschließlich für das junge Publikum verfasst. Sergienko fesselt den jungen Leser durch mitreißende Abenteuergeschichten und packendes Erzählen. Zugleich haben die meisten seiner Erzählungen aber auch einen doppelten Boden. Philosophische Tiefe und eine klare poetische Sprache machen Sergienko auch für den reiferen Leser zu einer Entdeckung.

# The Making of...

Illustrationen von Michael Blechmann

www.mibl.eu

T

INHALT

# Die Schlucht der freien Hunde